D0886507

clásicos castalia

JORGE GUILLÉN

FINAL

Edición,
introducción y notas
de
ANTONIO PIEDRA

clásicos castalia

Madrid

Copyright © Editorial Castalia, S. A., 1987
Zurbano, 39 - 28010 Madrid - Tel. 419 58-57

Cubierta de Víctor Sanz

Impreso en España - Printed in Spain
Fernández Ciudad, S. L.
Catalina Suárez, 19. 28007 Madrid

I.S.B.N.: 84-7039-540-8
Depósito Legal: M. 33.875-1989

SUMARIO

INTRODUCCIÓN BIOGRÁFICA Y CRÍTICA   7

   I.   La conciencia de ser poeta   7
  II. En una coherente y natural historia   20
 III. Final de la obra consumada   39

NOTICIA BIBLIOGRÁFICA   57

BIBLIOGRAFÍA SELECTA SOBRE EL AUTOR   63

ABREVIATURAS   77

NOTA PREVIA   79

FINAL   81

ÍNDICE DE POEMAS DE "FINAL"   343

ÍNDICE DE LÁMINAS   353

INTRODUCCIÓN
BIOGRÁFICA Y CRÍTICA

I. LA CONCIENCIA DE SER POETA

No siempre la vida y obra de los grandes hombres se ordenan en torno a ese conjunto ideal que define una cierta concepción y originalidad de lo clásico. Raro equilibrio, pues el intento supremo de ser un verdadero creador ha de atinar, también, con una forma —la propia— que acompañe a toda una trayectoria vital y humana. La historia del pensamiento y de la literatura ofrecen pocos modelos, ciertamente, pero los suficientes como para entender qué difícil resulta dar en la diana. Los presocráticos tuvieron idea clara de esa unidad, incluso como simple forma pedagógica de acercar los grandes principios del cosmos y de la vida al hombre mortal. Recordaba Platón en la *República* cómo

> Pitágoras fue amado excepcionalmente por esto, y cuyos sucesores aún hoy denominan acordemente pitagórico un modo de vida por el cual parecen distintos a los demás hombres. [1]

En el otro extremo del tiempo, la aplicación resulta más problemática. Baudelaire, por ejemplo, excita la coherencia de su mundo con una seducción tan poderosa que pide una

[1] *República*, 600 b.

nueva estética y una correspondencia ética distintas, acordes con un extremoso sentir: "Embriagaos, embriagaos siempre, de virtud, de vino... qué importa."

Cuando un hombre como Guillén —de amplia cultura, natural reflexivo y conciencia afirmativa— descubre su destino lírico, la sorpresa inicial da paso, muy lentamente, a la configuración del propio mundo poético. Una organización laboriosa que, en su caso, asimila sin rupturas el pasado y valora las innovaciones que se producen en el pensamiento y estética europeos de principios de siglo. Fenómenos éstos que él vive apasionadamente a partir de 1910.

El hueco que empoza a todo creador, desde que observa en el fondo el primer tintineo de luz y hasta la explosión de un universo autónomo, suele tener una metamorfosis difusa y misteriosa. En Guillén, ya en un principio, se revela con un perfil definidor: ser poeta dentro de una coherencia humana. Tentativa que Jorge Guillén comienza a los veinticinco años. De esta manera, se acerca a la metafísica de los poetas-filósofos como Dante, Quevedo, Calderón o Hölderlin y, por otra, se distancia de los filósofos-poetas en cuanto que el suyo es un proyecto poético y, como tal, no define una crítica del ser y su marco de actuación ético-social. Guillén sabe que filosofía y poesía han fundamentado, a lo largo de la historia, principios y realidades distintas aunque no siempre opuestas. Intelectualizar la imaginación derivando hacia una categoría racional de pensamiento, sin contrapartidas, es mucha dialéctica para la poesía y un cobijo extraño para el poeta. Éste no discute principios filosóficos, los acepta o los rechaza. Incluso podrá valerse de ellos, pero en un momento dado será infiel a ese principio formal; precisamente cuando en una coordenada poética es golpeado por su propia metafísica, por absurda que ésta sea. Contradicción y sumo escándalo. El joven Guillén era consciente de esta aporía y de ella parte. En un artículo que titula "Las tonterías poéticas" —1921—, cuando el proyecto de *Cántico* apunta a una incipiente realidad, es categórico al respecto. ¿Tonterías?:

Alegres arrabales, extramuros de la lógica. Con ellos se tropieza en el camino de toda desintelectualización. Y como desintelectualizar el lenguaje equivale a poetizarlo, resignarse a ser poeta, de veras poeta, es arriesgarse heroicamente a ser tonto; aventura sublime. [2]

Texto singular éste que, por una parte, elimina los posibles mojones con los que el filósofo restringe el quehacer poético y, por otra, pone en tela de juicio toda una tradición crítica posterior que refleja en Guillén el paradigma de poesía pura e intelectualizada. En el fondo se trata de una confirmación esencial: las categorías del poeta se esfuman por los rigores de la filosofía con una absoluta libertad. En Guillén esta fuga se da con una conciencia plena por ser un creador que relaciona fenomenología —en el sentido primitivo que da al término Lambert— con existencia vivencial:

> Soy, más, estoy. Respiro.
> Lo profundo es el aire.
> La realidad me inventa,
> Soy su leyenda. ¡Salve!

La sensación compacta y sin fisuras que produce el corpus poético guilleniano es fruto de la reflexión y de una voluntad creadora. Sensación que se hace realidad cuando se indaga en la coherencia del edificio. Trazar, en cambio, las líneas maestras de esa construcción es complejo. Puede ocurrir que nuestra propia razón crítica necesite conclusiones necesarias que no lo fueron tanto para el poeta. Y la primera pregunta que surge es de orden lógico: ¿tuvo Guillén la tentación —como la tuvo Dante con Santo Tomás— de armonizar poéticamente el conjunto de saberes del hombre moderno? De haber sido así, no cabe duda, no tendríamos hoy un poeta sino un filósofo o pensador de la talla de Ortega o de Zubiri. La claridad poética de

---

[2] Jorge Guillén, *Hacia "Cántico"*. Edición de K. M. Sibbald, Ariel, Barcelona, 1980, p. 476.

Guillén —poesía apolínea en términos de Nietzsche— ha conducido a una exégesis posterior muy determinada.[3]

Son múltiples los contactos que pueda haber entre su poesía y el mundo presocrático, por ejemplo. Con Parménides —filosofía en hexámetros— comparte la enunciación entusiasta del ser y de su valor existencial. Aquel imperativo que el fundador eleata formulara en *El discurso de la verdad,* cifrado en el ser como único camino de investigación, es válido para Guillén, pero como principio de realización:

> Ser, nada más. Y basta.
> Es la absoluta dicha.
> ¡Con la esencia en silencio
> Tanto se identifica!

Así podrían explicarse las palabras de Claude Vigée cuando dice que "*Cántico* aporta un mensaje que no se había escuchado claramente en Europa quizá desde la época de Parménides".[4] Anaxímenes de Mileto es otro de los lugares comunes de la exégesis guilleniana al concretar en el aire el principio del cosmos, dotado de una fuerza vital e infinita. La poesía de Guillén parte, efectivamente, del aire como elemento primigenio; su obra como totalidad orgánica —distribuida en cinco series: *Cántico, Clamor, Homenaje, Y otros poemas, Final*— lleva el título genérico de *Aire nuestro.* Pero todo ello equivale a la parte mínima de un enunciado, pues la cosmología divinizada del milesio y el pneuma inteligente que dirige la actividad, toda actividad, es, para el vallisoletano, física necesaria, gozosa expansión vitalista:

---

[3] Es el caso de autores como Amado Alonso, José Manuel Blecua, Jean Cassou, Eugenio Frutos, Tomás Navarro Tomás, Oreste Macrí, Claude Vigée, Aranguren, etc. Recientemente, uno de los estudios más interesantes es el de Antonio García Berrio, con su libro *La construcción imaginaria de "Cántico" de J. G.*

[4] Claude Vigée, *Jorge Guillén y la tradición simbolista francesa,* edición de Biruté Ciplijauskaité, Taurus, Madrid, 1975, p. 91.

Respiro,
Y el aire en mis pulmones
Ya es saber, ya es amor, ya es alegría,
Alegría entrañada
Que no se me revela
Sino como un apego
Jamás interrumpido
—De tan elemental—

La posible armonización que pueda hacer Guillén de Parménides o Anaxímenes se asocia a un impulso de elementalidad y difícilmente a una reflexión ontológica o cosmológica en sentido estricto. De hecho, en *Homenaje* —relación de vidas con lectura y consecuencia poéticas—, como también en *Y otros poemas,* quizá por sobreentendido, hay un vacío en torno a estos filósofos. Platón y Lucrecio serán los filósofos de la razón poética. Aquél como relator de la muerte de Sócrates para "inquirir las últimas verdades", y en Lucrecio como intento de una física moderna —naturaleza— que con "razón o sin razón propone mundo". Desde ese mundo, bien hecho por estar bien concebido, hace Guillén su propuesta de poesía operante:

> Toda mi poesía arranca, más o menos, directamente de mi experiencia: mi metafísica es la física. Siempre parto de lo elemental, del cuerpo que soy, de lo esencial que es el aire que respiro. Y el aire que respiro me pone en relación con el mundo, con el mundo en el que no estoy nunca solo, somos "nosotros", es el "aire nuestro".[5]

Ya en la vertiente de una tradición literaria, la asunción que hace Guillén del legado clásico es selectiva y también problemática. Su lectura parte de una premisa apasionada: saber. Pero tiene una actividad de doble fondo: buscar aquello que define a un autor o a una tendencia, y diferenciarlo de su propia verdad, lógica y lingüísticamente. De esta manera, la fuente es un juicio fecundo y el texto

[5] Todos los textos atribuidos a Guillén se toman de nuestro trabajo "Más allá del soliloquio", revista *Poesía,* Ministerio de Cultura, núm. 17, Madrid, 1983, pp. 7-28.

se familiariza con un proceso unitario que hace de Guillén un clásico original. Los contactos, muy variados, nos llevarían a una tesis desproporcionada y sería, en todo caso, la confirmación de un valor relativo.

Dentro de esa tradición, uno de los autores más cercanos al esquema de Guillén es Góngora. La construcción de un lenguaje poético riguroso y depurado, la ausencia del yo, la suma de elementos clásicos con afán renovador, definen a Góngora y son materiales que Guillén estudia a fondo y que formaliza en estudios publicados en distintas épocas de su vida. [6] En esta dimensión analítica cuaja el dominio de la propia obra. Los elementos gongorinos no guardan simetría con el modo de decir, ni con el tema humano que centra la obra guilleniana. La arquitectura de la palabra, tan precisa como sólida en ambos, se disocia en la misma pureza artística que parece unirles. Y es que la solidez de la palabra en Guillén no termina en el diseño de la fórmula. Se encamina hacia una plenitud que viene de adentro y que fuerza una actividad expresiva de contacto placentero y de texto fecundo. Roland Barthes denominaba a esto la sombra del texto:

> Esta sombra es un poco de ideología, un poco de representación, un poco de sujeto: espectros, trazos, rastros, nubes necesarias: la subversión debe producir su propio claroscuro. [7]

Podríamos referirnos, en órdenes distintos, a Jorge Manrique, fray Luis de León, San Juan de la Cruz, Quevedo y un largo etcétera. Las afinidades que señala, certeramente, Luis Lorenzo-Rivera [8] con fray Luis se justifican dentro de la concepción platónica del mundo asumida por el agustinismo. Las coincidencias que afectan a versificación y otros recursos estilísticos son muy concretos y circunstan-

---

[6] *Hacia Cántico*, pp. 52 y 318-323; *Lenguaje y poesía,* Alianza Editorial, Madrid, 1972, pp. 33-71.

[7] Roland Barthes, *El placer del texto,* Siglo XXI, Madrid, 1974, p. 44.

[8] Edición de Biruté Ciplijauskaité, pp. 61-78.

ciales, y como tales quiere que sean reconocidos en recreación explícita. Desde la otra orilla, la clave reside en preguntarse si el mundo de Guillén responde a los supuestos platónicos o si las horas situadas de éste se impregnan de la melancolía solitaria y horaciana meditación de fray Luis. La respuesta es no porque de nuevo asistimos a una elaboración que, con múltiples apoyos, se integra en una energía autónoma y renovada. Guillén, admirador de Platón y de fray Luis, es un poeta de la polis, y sus horas necesitan la comunicación y el bullicio de calles y azoteas, apuntando a un cielo muy concreto:

> El tiempo quiere lugar,
> Rechaza la hondura informe,
> No acierta a vivir sin fondo
> Que enamore.

Y las horas del amor, como en ascuas, nos acercan a San Juan de la Cruz inefablemente. El estudio que hiciera Guillén sobre el santo [9] es uno de los más claros y reveladores porque circunda la esfera del poeta absoluto que en ambos latía. En este análisis, Guillén apura el lenguaje insuficiente del místico con una precisión diamantina, y advierte con el santo "que a esta poesía corresponde una experiencia personal y una reflexión doctrinal". [10] Experiencia y doctrina: la respuesta a la cuestión que plantea W. Barnstone [11] al definir, polémicamente, a Guillén como un "místico secular". Mímesis difícil que forzaría toda la arquitectura guilleniana del amor. El uso que hace San Juan de la Cruz del encuentro y unión amorosa, dentro de una categoría humana inteligible y secular, es figurativa y un dislate razonable hacia lo misterioso vivido —vía unitiva— o por vivir —vía iluminativa—. La experiencia, por tentadora que sea, no puede extrapolarse en sentido contrario. El

---

[9] *Lenguaje y poesía,* pp. 72-109.
[10] *Ibid.,* p. 83.
[11] Willis Barnstone, "The Greeks, San Juan and Guillén", en *Luminous Reality,* edic. de Ivar Ivask y J. Marichal, Oklahoma, 1969, p. 24.

amor para Guillén tiene un contorno humano —"Luz humana a mis ojos enamora"— y obedece a un instinto natural que el poeta eterniza como efecto de su propia afirmación ontológica:

> ¿Lo infinito? No. Cesa
> La angustia insostenible.
> Perfecto es el amor:
> Se extasía en sus límites.

Si la experiencia diversifica la concepción amorosa, la doctrina continúa creciendo dispar en torno al objeto amado. Las afinidades conectan y se proponen en el poema, no en la poesía, cuando el clímax del proceso se resuelve en regocijo de criatura limitada, en forcejeo con un lenguaje que quiere ir más allá y se revela insuficiente. Entonces, sí, se entona un mismo *Cántico* con emisiones recíprocas: "Que ya sólo en amar es mi exercicio" —San Juan— o "¡Ya sólo sé cantar!" —Guillén—. Son efectos de la misma catapulta.

Del amor a la muerte: paradoja indivisible que tantos resultados felices ha obtenido a lo largo de la literatura. Quevedo es el maestro que mejor ha encarnado este binomio. Guillén se distancia de su concepción del modo más rotundo:

> Pero el amor no basta, naturalmente. Yo no me acojo en absoluto a la tradición tan ilustre, tan decadente, y por eso elegante del amor-muerte. La muerte es otro tema. Desde el primer *Cántico* aparece la muerte aceptada, como ley natural, en la tradición estoica, por ejemplo de un Quevedo. Pero fui hostil a la confusión de un Quevedo, hostil a aquello de que vivir es morir. La muerte no orienta la vida, porque en *Aire nuestro*, en toda esa obra, el horizonte es terrestre.

Esta fe en la vida configura la razón poética, y la dinámica amorosa anula el protagonismo de la muerte. Y es que para Guillén, como antes lo había sido para Anacreonte, los muertos *no tienen deseos*. El paralelismo existente con otros autores clásicos nos llevaría a conclusiones semejantes: Guillén asume la tradición con todo respeto y fidelidad, pero con una conciencia integradora y una voluntad diferenciadora. Este acto de conciencia no es un mero concepto de oposición; es, rigurosamente, un poeta distinto.

De esta misma actitud arranca su postura ante la nueva visión de la literatura y del arte que iniciara Baudelaire, consolidaran los simbolistas y desarrollaran, hasta sus últimas consecuencias, Valéry y la Vanguardia. Jorge Guillén llega a París en 1917 atraído por esta novedad. Una cierta desorientación inicial, admitida por el propio poeta, da paso, muy pronto, al estudio y reflexión, acordes con una sensibilidad nada extremosa. Por esas mismas fechas en que arribaba a la capital de Francia y del mundo cultural, se publicaban *Le spleen de Paris* de Baudelaire. El libro en sus manos constituye la primera sorpresa, y también una apasionante lectura, pues ahí quedaba patentizado el vacío, no explicado hasta entonces, entre la vieja tradición y el nuevo sentir estético. No cabe duda que hubo impacto y que esta cohesión puso al poeta ante la disyuntiva de su propia aventura artística que inicia dos años después.

¿Fue seducido hasta el extremo de construir su edificio con los rigores formalistas y trascendentales de parnasianos y simbolistas, al dictado de la poesía pura de Valéry? Las apariencias de la seducción suelen provocar estragos, y hoy día las secuelas persisten aun desvelado el secreto de las primeras impresiones. El juicio de Antonio Machado sobre la senda emprendida por la joven generación, y en concreto sobre Guillén, encaja en este esquema de rigidez planificada, de arte deshumanizado. Hijos del simbolismo francés, dice:

> no son, como los simbolistas, hondos y turbios, sino a la manera de su maestro Valéry, claros y difíciles, tienden a saltarse a la torera —acaso Guillén más que Salinas— aquella zona central de nuestra psique donde fue siempre engendrada la lírica. [12]

[12] Antonio Machado, *Obras: Poesía y prosa,* Losada, Buenos Aires, 1973, p. 923.

Si tenemos en cuenta que para Machado el andamiaje simbolista se basa en una trivialidad conceptual y en el culto a un espíritu plastificado, la poesía de la joven generación, y la de Guillén como uno de los inspiradores, ha de rectificar el rumbo si en verdad quiere constituirse en potencial poético.

Juan Ramón Jiménez es mucho más incisivo:

> A Jorge Guillén, como a su paralelo distinto, discípulo y maestro Pedro Salinas, yo no los llamaría hoy "poetas puros", que tampoco es mi mayor nombre, sino literatos puristas, retóricos blancos, en diversos terrenos de la retórica. Les sobra el neoclásico virtuosismo de la redicción; les falta la embriaguez, la emanación, el acento, lo natural mejor... [13]

Como en Machado, la causa reside en Valéry, que es para Juan Ramón, simplemente, un virtuoso de la forma. Pero tanto Antonio Machado como Juan Ramón se equivocaron al creer que Guillén y sus compañeros no fueran capaces de superar el estructuralismo de sus inspiradores franceses, que éstos, en definitiva, fueran el cierre mimético de su obra.

Guillén parte de la poesía de Baudelaire, Verlaine, Mallarmé o Valéry con el mismo sentido de tradición clásica que ya había descubierto en Góngora. Acepta ciertos principios de la nueva poesía con un sentido absolutamente moderno: como superación de ese vacío secular que separaba el pensamiento puro de la poesía esencial. La creación de un mundo tan particular, como el que inaugura Baudelaire, escandaliza porque crea su propia lógica desde su propio sistema. Ello equivale a una vuelta del destierro de la poesía, condenada al ostracismo por una dudosa iniciativa platónica. Y ello prueba que, efectivamente, esta elección no es tan pura ni tan inocente, en la misma proporción que tampoco lo era la de Machado o Juan Ramón Jiménez. En la misma raíz se imprimen las afinidades y equidistancias. El

---

[13] Juan Ramón Jiménez, *Españoles en tres mundos*, Madrid, 1969, p. 164.

rechazo a materiales revenidos, provenientes del romanticismo y de movimientos anteriores, como la euforia por apuntalar, a través de la obra, una estética original, son las claves del contagio y del quehacer poéticos.

Cómo se despeja la incógnita es otra cuestión. Guillén elige la coherencia como camino, a través de un lenguaje preciso y un esencialismo realista. Así lo hacía constar en 1921 en un artículo sobre Valéry:

> Hay una poesía que es todo sapiencia y rigor consciente. Hay una disciplina de la imaginación. Hay una matemática de la imagen y el ritmo. Hay, en suma, la medida y el número, que no entorpecen el fuego, antes lo avivan. Quien considere irreconciliables la pasión con el orden ignora el meollo mismo del arte poético. [14]

De Baudelaire, del simbolismo y de Valéry le sirven a Guillén su consistencia organizativa, la elevación del hecho poético a una categoría lógica de imaginación y de sentido que forma bloque indivisible con el poema y la obra total. Es decir, coincide con el enunciado más extrínseco del nuevo arte.

Pero "las almas hambrientas se van hambrientas", decía Kandinsky, y Guillén busca su propia verdad sin negar las evidencias y sin hipotecar el futuro. Afirmaba, conectando con lo anterior, que "pensamiento y sentimiento, imagen y cadencia deben asentar un bloque, y sólo en ese bloque puede existir lo que se busca: poesía". Con palpables diferencias demostraba, en vida y obra, que su propia realidad y trascendencia ocupan límites humanos. La nada, el hermetismo, el yo como portento enfático, el juego y la evasión formalistas —sirenas del simbolismo y de Valéry—, son principios ajenos al Guillén más puro y provocan en él una réplica implacable:

> A mí me han incomprendido. Primero, llamándome poeta puro. Poeta puro... ¿Y eso con qué se come? Eso es una antigualla que me molesta mucho, porque eso quiere decir

[14] *Hacia "Cántico"*, p. 103.

que es un tópico, que es falso desde el primer día. Lo de poesía pura es una cosa francesa que luego ayudó a un cierto rigor en la forma y en dar una cierta altura. Si pura implica intelectualismo o frialdad, entonces es lo contrario de mi poesía, y el que lo diga no me ha leído.

Podrá argumentarse que éste es el juicio posterior de un Guillén nonagenario, apagados ya los rescoldos de aquel purismo formalista. Sí, pero lo cierto es que las reticencias guillenianas a lo puro, como razón poética, vienen de muy lejos. La carta a Fernando Vela, fechada en Valladolid en 1926, inicia una serie de textos concluyentes. Aquí ya se aparta Guillén del concepto de poesía pura entendido como química y elementalidad aislada:

Me decido resueltamente por la poesía compuesta, compleja, por el poema con poesía y otras cosas humanas. En suma, una "poesía bastante pura", *ma non troppo,* si se toma como unidad de comparación el elemento simple en todo su inhumano o sobrehumano rigor posible, teórico. [15]

Demasiada polémica se ha creado —desde Machado, Juan Ramón Jiménez, Cernuda, Dámaso Alonso, etc.— en torno a un viejo tema que sentenció el autor y que la obra niega. Repetir a estas alturas los argumentos resulta estéril. Con la obra total en la mano, sólo el despiste o el dogmatismo contumaz podría enzarzarse en un tema trasnochado como inútil. Como señala Guillén en la mencionada carta, "no hay más poesía que la realizada en el poema". En *Clamor* ironizaba:

¿Yo, puro? Nunca. ¡Por favor!
La pureza para los ángeles
Y acaso el interlocutor.

Al final de este recorrido podríamos tener la sensación de un sincretismo literario. Si como tal entendemos la con-

---

[15] Gerardo Diego, *Poesía española contemporánea,* Madrid, 1959, p. 343.

ciliación de doctrinas y teorías, tal como se define en los diccionarios, no es éste el caso. Si lo entendemos como hecho progresivo —medio— que converge en el poeta para lograr una visión coherente del arte y de la vida, pues entonces sí porque nos acercamos al tronco evolutivo del ser inteligente. El poeta, como el artista, no puede repetir frisos o fotocopias del espíritu de manera automática. Pero tampoco puede ignorar la fuerza espiritual de la tradición, pues equivaldría al más lamentable de los plagios.

La originalidad tiene parecidos que no lo son. Así constatamos cómo los temas de la poesía de Jorge Guillén son los mismos que siempre puso en candelero la gran poesía. En cambio, el tratamiento que de ellos se hace —"La forma se me vuelve salvavidas"— conduce a la creación de un mundo personalísimo, a un modo particular de decir y hacer las cosas: arte por necesidad, que reclamaba Rilke. La exclusión que del hombre hacían los artistas y literatos de su tiempo —Cézanne, por citar un ejemplo, llegó a decir que "el hombre no debe estar presente"— salta en Guillén a contrapelo como primera novedad: la afirmación de ese hombre como ser circunscrito a su mundo:

> ¿Dónde extraviarme, dónde?
> Mi centro en este punto:
> Cualquiera. ¡Tan planetario
> Siempre me aguarda el mundo!

El amor que justifica la existencia humana es la gran causa. Actúa, por una parte, como antídoto frente al nihilismo de la época y, por otra, como resorte vigoroso de un prodigio habitado en un tiempo real:

> Amor sin evasión a paraíso,
> Pálido de esperar a ser de veras,
> Amor precipitado al más preciso
> País real, presente y sin afueras.

Esta visión, ceñida a forma y contenido, se desmarca de la poesía precedente. Otro tanto ocurre con el marco paisajístico, con la historia o el concepto ético que desarrolla la actividad humana. En Guillén, todo se relaciona con todo y se trenza con impulsos vitales y actos decisivos:

> Hay que entrar en el mundo y no quedarse fuera, o no quedarse derrotado, o peor —como algún exquisito: ser un derrotado de nacimiento. [16]

Por ello, el paisaje guilleniano no es el desleído del modernismo o el nostálgico de Juan Ramón. La ciudad no interrumpe soledades ni escapa a retiros de ficciones porque es la cita del hombre moderno:

> Azoteas, torres, cúpulas
> Aproximan los deseos
> De las calles y las plazas
> A su cielo.

La muerte, la historia, el dolor, las sombras —temas nada jubilosos— tienen, como veremos, un perfil determinado. En suma, centran la conciencia de ser poeta y sustancian un proyecto de vida y obra con una clave imaginativa.

II. EN UNA COHERENTE Y NATURAL HISTORIA

Como no podía ser de otra manera, la obra de Guillén es inseparable de su vida. La grieta invisible que separa, frecuentemente, al artista de aquélla es una consecuencia teórica de lo puro, entendido en la dirección más vacía que preconiza *L'art pour L'art*. Guillén que, como hemos visto, no es un creador conceptual, tampoco escribe para los dioses inscribiéndose en la nómina de exquisitos anónimos. Entiende que el arte tiene personalidad por ser una criatura unitaria

> que esclarece el alcance más íntimo de cada vástago. La significación de una pincelada no se nos rinde del todo

---

[16] *Guillén on Guillén, The poetry and the poet*, Princeton, 1977, p. 26.

hasta que no la apuran otras pinceladas del mismo pincel. Sólo así se las coteja, se descubre el propósito esencial que la preside. [17]

La obra empieza cuando la necesidad vital le obliga a dirigir su experiencia hacia lo sentido como causa afín. Y esto, que parece un principio elemental, recorre en Guillén un complejo y largo camino, ya que dura toda la vida y salpica los momentos más inconscientes del poeta. En el acto creativo se entrelazan las escalas del tiempo —las que recuerda y las que olvida— con hechos y sentimientos que son el aire de la forma artística. Cuando Guillén repetía, una y otra vez, que "mis memorias son mi poesía", estaba dando coherencia a una dimensión creativa que no excluye nada de cuanto vital y espiritualmente le situaban. El yo que aparece en *Aire nuestro* —más ceñido a circunstancias concretas en las últimas series de *Y otros poemas* y *Final*— constituye un tratado exhaustivo de cómo esa obra armoniza lo vivido o, por el contrario, cómo la sucesión de días y noches ensanchan la libertad creadora. Pero este yo no es el portento de la obra de arte, y en Guillén es un banzo hacia lo ajeno solidario:

> Errante en el verdor
> Un aroma presiento,
> Que me regalará
> Su calidad: lo ajeno,
> Lo tan ajeno que es
> Allá en sí mismo. Dádiva
> En un mundo irremplazable:
> Voy por él a mi alma.

De aquí la intemporalidad y la universalidad que este yo representa en su poesía.

Esto nos obliga a encauzar la relación de hechos personales en sentido inverso al de una biografía lineal: a través de la presencia del poeta que los recrea desde un tiempo cumplido y raíz posible del futuro —visión heideggeria-

---

[17] *Hacia "Cántico"*, p. 106.

na—. La narración que de ellos hace constituye la razón de esa cercanía existente entre el fondo y la forma, entre el equilibrio mimético que allana el abismo y la cumbre de toda creación. El tiempo que memoriza el "me acuerdo" —que tanto repetía el Guillén coloquial— viene a ser el mismo que cuantifica su presente poético y su existencia de poeta. En *Y otros poemas*, en su quinta parte, la sección segunda que titula "Reviviscencias", es el índice de esa visión clara del tiempo como proyecto de vida y realización poética a la vez:

> Hacia las siete nací,
> Una mañana de enero,
> Todo sin voz me decía:
> "Mundo tienes para ti."
> Ese mundo lo que aún quiero.

Mundo y también destino: uno de los más largos y fecundos de la historia de la literatura —91 años, 18 de enero de 1893 al 6 de febrero de 1984—. La vida de este profesor universitario —centrada en sus clases y conferencias, en su familia y amigos— sería indiferente si no existiera su obra compartiendo, a la vez, la pasión intelectual y la magia que atesora lo cotidiano como energía vital. Carente de los misterios a voces y de las situaciones borrascosas que hacen tan atrayentes a ciertas biografías, la de Guillén, en cambio, no resulta una vida neutra o solitaria, tal como podría deducirse por su condición burguesa y profesional. Participa del momento que le toca vivir con decisiones drásticas unas veces, y con prudencia otras. Sus necesidades quedan inscritas entre lo que siente y escribe, alejado de la trayectoria que hace de vida y profesión un negocio:

> Mi vida es este mar, estas montañas,
> La arena dura junto al oleaje,
> Mi amor y mi labor,
> Hijos, amigos, libros,
> El afán que comparto a cada hora
> Con el otro, lo otro, compañía
> Gozosa y dolorosa.

Esta consideración de "compañía gozosa" constituye para Guillén el acicate inédito de ser hombre y poeta. La búsqueda por diferenciar su propia identidad social, su yo genético, no le preocupan. En todo caso no modifica la anécdota de la raíz que sustenta la propia historia. Procedente de una familia de hidalgos —según consta en la ejecutoria que otorgan los Reyes Católicos en 1500—, los Guillén fueron siempre vecinos y moradores de la villa de Montealegre (Valladolid). Siguiendo la genealogía que traza Vicente Hidalgo, [18] Jorge Guillén representa la decimoquinta generación de una familia que se pierde en los albores del XIV y que vivirá en Montealegre hasta mediados del siglo XIX. No hay razón para encumbrarse. En toda la obra de Guillén no existe una sola línea que se pierda en la ambigüedad del término hidalgo. Sí un par de aclaraciones significativas que repetía en cada entrevista: que eso no era la nobleza, "siendo hidalgo no se era pechero, no se pagaban impuestos. Los impuestos los pagaba el pueblo, ¡qué injusticia!". Opinión que complementaba con una actitud social muy enérgica: "Yo no he oído jamás en mi casa hablar de clase alta y de clase baja, ¡jamás!" A pesar de todo, orígenes notables que tienen en el poeta una consideración distinta. La sucesión de generaciones, el apego a un paisaje y un lugar determinados, son para él sumas de la historia a través de los cuales el ser, su ser, se aúpa agradecido en un horizonte común de *luz natal* y de patria necesaria:

> Yo ajustado a mis límites:
> El ser que aquí yo soy, sobre esta cumbre
> Bajo este firmamento
> No escogido por mí.
> ¡Gracias!

El nacimiento y niñez, que el poeta vive enteramente en Valladolid, prefiguran en vida, y después en obra, un es-

---

[18] Vicente Hidalgo, *Recuerdos de un homenaje*, Valladolid, 1977.

tado de privilegio: "un misterioso espacio temporal", como
él mismo dice. La fábula de ese tiempo inicia el ser como
destino, y también la palabra de una poesía rebosante de
salud, sin incógnitas por otro lado. Hijo de Julio Guillén
Sáenz y de Esperanza Álvarez Guerra,. Jorge Guillén es el
primero de cinco hijos. La actividad comercial, el estudio,
una práctica de la fe cristiana, unido a una actitud política liberal, enmarcan la tentativa informe de los primeros
años. Julio Guillén fue el prototipo de burguesía provin-
ciana, emprendedora y progresista, que dejó su nombre
unido al desarrollo industrial de Valladolid en aspectos tan
decisivos como el del tren, electrificación, tranvías y perio-
dismo. Afín a Santiago Alba —"de manera secundaria", según decía Jorge Guillén—, la suerte de don Julio, y en
cierto sentido también la empresarial, corre paralela a la
del político liberal.

La suerte del poeta es, simplemente, la de un niño feliz
en un mundo sin problemas del que era artífice don Julio:

> Mi padre era bueno y generoso y al mismo tiempo un
> hombre fuerte. Los hombres fuertes, en general, son unos
> brutos, unos duros. Mi padre no lo era, tenía una gran
> vitalidad.

Del mundo que encarnaba don Julio, a pesar de los in-
tentos que hubo, quedó muy poco en Jorge Guillén: nada
de ese instinto burgués que rentabiliza en cifras la actividad más inocua.

> Toda la familia y todo lo que estaba a mi alrededor
> tenía que ver con los negocios, yo no. No porque lo des-
> preciara, sino porque era incapaz, me sentía en una situa-
> ción de inferioridad.

Después ha querido verse en la obra de Guillén la clave
de una poesía burguesa. No hay que negar las procedencias
porque ahí están. Pero cuando la lógica del poeta es en realidad una estampida, la poesía queda en su límite estricto:
en poesía sin más predicamentos desde el mismo origen:

Tú, mi gran responsable,
Tú encendiste la chispa suficiente
Para sentir el ser como fortuna.

Probablemente, ninguna persona contribuyó tanto como Esperanza Álvarez a despejar el destino poético de Jorge Guillén. Fue la mujer providencial que, en un mismo carácter, unía formación y cristianismo —fe católica— con liberalismo y sensibilidad. Equilibrio difícil en una mujer de últimos del XIX. Hija de orensanos —su padre, Laureano Álvarez, compartía amistad personal y política con Emilio Castelar, y admiraba a la Institución Libre de Enseñanza—, encaja con el talante liberal y humanista de Julio Guillén. La palabra, las primeras lecturas, la vida con perfil espiritual y también de fábula, junto a la actitud humana que sintoniza con lo humilde, es pedagogía materna. Para el poeta "esto es más que literatura", y evocándolo con "imágenes minúsculas" de niño asegura lo irrenunciable del hombre: "Todo lo que se refiere a cultura, a espiritualidad, a sentido religioso, me viene de mi madre." Las aventuras bélicas que España mantenía frente a Marruecos, y las revueltas sociales, eran otros tantos temas de conversación entre madre e hijo. El no a la guerra y a la opresión se encuentran reprobados, de *Cántico* a *Final*, con palabras textuales de Esperanza Álvarez:

"¿El vivir sin cadena
Ya es delito?
La libertad ajena
Necesito."

Junto a esta *voz valiente*, personas —larga lista de hermanos, amigos y maestros—, juegos y estudios se van mezclando con las primeras sensaciones de *lo eterno para el niño*, que le hacen afirmar: "Si mi infancia no hubiera transcurrido en Valladolid mi poesía hubiera sido distinta." Al concluir los estudios de bachillerato en 1909, don Julio entiende que su hijo no servía para el negocio familiar —"Me aburría, y mi padre dijo: Vamos a dejarlo"— y

coincide con su hijo en romper el cerco vallisoletano con
Europa como fondo.

Friburgo —1909 a 1911— será el primer destino europeo
del joven. Tiempo decisivo para aprender francés y descubrir por sí mismo la existencia de un *mundo vario*. Curio-
samente, también para Goethe fue Suiza el primer contacto
de una perspectiva relacionante, tal como cuenta en sus
Diarios y anales. Para Guillén se abría paso el sueño de
la niñez, cuando en la Estación del Norte de Valladolid
contemplaba el paso de *los Grands Express Européens*:

> —Éramos europeos— a una Europa
> Muy real, muy soñada: vocación.

El regreso a España se produce en medio de la crispa-
ción nacional producida por la guerra con Marruecos. Hasta su licenciatura en Granada en 1913, vivirá en Madrid
en la primera Residencia de Estudiantes dirigida por Alberto Jiménez Fraud. El paso por la Residencia significa
algo más que el sueño de una renovación pedagógica aca-
riciada por la burguesía progresista de la Restauración.
Ante todo significa el contacto con la ciencia y el pensamiento de la España moderna. En la Residencia, tanto en
esta primera época como en la posterior, conocerá y tra-
tará a los maestros del 98, a Ortega, Juan Ramón, Ramón
y Cajal, etc., y a la mayoría de sus compañeros de generación. Aquella "soleada paz", la atmósfera de estudio y orden, cuadraban con el talante de Guillén, pero entendiendo
que esto no es un fin en sí, sino el camino "hacia un vivir
más claro".

Influido por las lecciones de Ortega y el ambiente de
fervor krausista de la Residencia, Guillén viaja a Alemania
en 1913, permaneciendo hasta julio de 1914, fecha del comienzo de la Gran Guerra. La vuelta a España —veintiún
años— coincide con la decisión de dedicarse a la enseñanza
universitaria. Por ello frecuenta con asiduidad el Centro de
Estudios Históricos, dirigido por Menéndez Pidal. A través
de este primer tanteo de vida autónoma, el poeta va fijando
su destino con avidez de conocimientos y sabiéndose

Natural criatura de una orilla,
Español europeo en Occidente.

Los años de París —1917 a 1923— serán decisivos para
el hombre y para el poeta. Allí le conduce profesionalmente
un lectorado de español en la Sorbona. Y de allí saldrá
formado intelectualmente, con destino definido, y como padre de familia. Años irrepetibles que coinciden con la eclo-
sión surrealista y con la mayoría de las manifestaciones
vanguardistas de principios de siglo. Imposible pasar por
alto a una serie de personajes con los que Guillén se relaciona o estudia con especial interés: Reverdy, Breton,
Apollinaire, Stravinsky, Valéry, Tzara, Cocteau, Picasso,
etcétera, por citar algunos de los más representativos.

Aludimos antes al impacto que produce en Guillén la
efervescencia artístico-literaria, y también al sentido de selección que imprime: lo nuevo como búsqueda de valores
que sirvan para el hombre. Singular debió ser el estudio
por el que somete la metáfora aniquiladora del vanguardis-
mo a la férrea consistencia del mundo preconizado por
Baudelaire o el formalismo estético de Valéry. Sabemos con
certeza las consecuencias de ese análisis: alejamiento de los
principios iconoclastas y paradójicos que dicta la vanguardia —no podía aceptar, por ejemplo, el principio daliniano
que hacía de lo irracional el tema de lo concreto—, [19] y
construcción de su propia razón lírica.

Resulta extraño que Guillén, acompañado de una atmósfera poética desde niño y con una inclinación literaria
manifiesta, no compusiera un solo poema hasta mayo
de 1918, a sus veinticinco años:

Una simple imitación de Rubén Darío, el poeta de lengua española que entonces yo más había leído entre los
contemporáneos. Era una simple imitación de aquello de
"Juventud divino tesoro".

[19] Salvador Dalí, *La conquista de lo irracional*, Barcelona,
1977.

La timidez como causa explícita es, sin duda, anecdótica por coincidir con el pudor que temen todos los poetas. Habrá que apuntar a dos causas reales que demoran la explosión: el lento proceso de maduración del propio ámbito, y la falta de un poderoso motivo capaz de romper la timidez y dar cohesión a todo ese mundo latente. París acelera ambos procesos. Frente al estudio y contacto de la nueva literatura encuentra lo que buscaba: su tiempo y espacio personales. En Trégastel, 1919, topa con el azar que ordena el rumbo: conoce a Germaine Cahen, con quien casa en 1921 y será la madre de sus dos hijos. A partir de aquí —"toda va a cumplirse"— se inicia *Cántico* como expresión dichosa y *fe de vida* de un ser relacionado con su orbe y con el amor recién hallado que lo sostiene:

> Pienso temblando en aquel
> Azar que a ti me condujo.
> Ver o no ver Trégastel:
> Destino o día de lujo.

El énfasis amoroso busca el poema como registro de lo inmediato en la doble vertiente del ser y del estar, presencia y metafísica de un espacio con nombres y de un tiempo con horas y paisaje plenamente habitados:

> El tiempo quiere lugar,
> Rechaza la hondura informe,
> No acierta a vivir sin fondo
> Que enamore.

La vivencia poética de Guillén —tan precisa— se nutre de lo cotidiano. Su labor docente, la actividad literaria, el cultivo de la amistad como práctica de un impulso ascendente, constituyen, desde esta época y para siempre, un conjunto muy humano y centrado. Las colaboraciones que aparecen desde París en diarios y revistas como *El Norte de Castilla*, *La Libertad*, *Índice*, *La Verdad*, *España* o *La Pluma* —artículos que forman la parte central del libro *Hacia Cántico*— constituyen un cuerpo de crítica de alta calidad. Aparece el Guillén audaz saludando con entusiasmo a *La Jeune Parque* de Valéry o que polemiza sobre el arte anónimo. Sarcástico cuando aborda los problemas sociales de la postguerra, revelándose contra la "fuerza bruta" que arma los fusiles o envenena las conciencias:

> La guerra es un cálculo. Partido, no de juego, sino de comercio. La guerra no es ya sólo arte militar. Ni siquiera ciencia militar. Esencialmente plantéase como un negocio. Arte y ciencia, sí, pero económicas. [20]

Crítico agudo cuando ejerce su profesión analizando a figuras como Flaubert, Valera, Rubén Darío, Anatole France, Moliére o Bataille.

Cuando el 28 de diciembre de 1922 nace su hija Teresa, el poeta ha colmado su tiempo juvenil: "Y salí de París por clara vía. Mi padre me dijo: «es mejor que vuelvas a España para que hagas el doctorado y puedas hacer oposiciones»." Y es lo que hace una vez concluido el curso en la Sorbona, en junio de 1923.

Dos hechos luctuosos le esperan a su regreso a España: el golpe de estado de Primo de Rivera, el 13 de septiembre, y la muerte de Esperanza Álvarez, el 17 del mismo mes. La persecución de Santiago Alba se extiende a sus amigos vallisoletanos, y los Guillén conocerán registros y algún que otro proceso. Hasta la caída de la dictadura en 1930, la postura de Jorge Guillén se radicaliza con la de sus compañeros y maestros. Toma parte de la indignación creciente del mundo intelectual y colabora en publicaciones de signo inequívoco como *La Pluma* de Azaña y *Revista de Occidente* de Ortega: "Todos estuvimos contra la Dictadura." Actitud que, en sus consecuencias, coincide con el mensaje decidido y humanista de Esperanza Álvarez. La pérdida de esta mujer supone para el poeta la falta de lo íntegro como medida en la *persona consumada*. Aquella fe de la infancia se ha convertido en humo, pero no la voz de la conciencia que regala al poeta el retorno a lo primigenio:

[20] *Hacia "Cántico"*, p. 130.

> ¡Qué pasión en lo humilde
> Cotidiano,
> Qué primores de mano
> Por la tilde!

El doctorado en 1924, con una tesis sobre Góngora, y la oposición que gana en 1925, son fechas que se pierden en la comba del júbilo, ocasionado por el nacimiento en París de su hijo Claudio el 2 de septiembre de 1924:

> Desde esta sangre al sol hay una dicha
> Directa. Se responden ese espacio
> —Con tesoros de fábula no dicha—
> Y este ser a más ser jamás reacio.

Fechas históricas vivirá desde su cátedra en Murcia —febrero de 1926— o desde Sevilla —1936—. Su paso por la Universidad de Murcia se liga a tres acontecimientos literarios de importancia: fundación de la revista *Verso y Prosa,* la aparición del grupo poético del 27, y la primera edición de *Cántico* publicada en la *Revista de Occidente.* Con Juan Guerrero, director del suplemento literario del periódico *La Verdad,* colabora Guillén desde su estancia en París. En 1927, enero, el suplemento se transforma en revista, siendo ambos los iniciadores. En sus doce números colaboran las firmas más destacadas del momento. Sobre el inicio y desarrollo de la llamada Generación del 27 nada podríamos escribir que no esté ya dicho. Simplemente añadir, una vez más, que desde la óptica guilleniana se rechaza cualquier liderazgo, el suyo también, para insistir en la común amistad —"nosotros hemos sido siempre amigos"— y en la particularidad de los mundos poéticos que cada uno crea. En suma:

> Un grupo formado casualmente, que estaba unido por un ambiente, una coincidencia general de aficiones y gustos, de ningún modo escuela, teoría preliminar, manifiestos. Un grupo todo lo opuesto a lo que fue el surrealismo francés, en el que había un pontífice, André Breton, que admitía, que excomulgaba, que tenía un manifiesto. No,

en el nuestro no. Allí cada uno tenía y tiene su voz personal, que se afirmaba en la afirmación de los maestros y de los contemporáneos. Se leyó más y mejor a los poetas del Siglo de Oro. Se reivindicó a Bécquer y se admiró a los maestros anteriores, a Rubén Darío, a Antonio Machado, a Juan Ramón Jiménez. En este sentido, y sólo en este sentido, esta generación no se alzó contra nada, como escribió Dámaso Alonso, contra nada literario. Se leyó entre los contemporáneos a los franceses, sobre todo a Veléry, al superrealismo. Políticamente todos estuvimos contra la Dictadura. Algunos han creído que los mayores, es decir, mi amigo Salinas y yo, éramos los mentores. De ninguna manera. Éramos todos iguales, cada uno con su voz personal y diferente. Tampoco todos pensábamos de la misma forma: Hay diferencias de credos y de ideas. El resultado fue que los libros de aquel grupo iban siendo originales y diferentes. Voces distintas y obras personalísimas. Historia, pues, compleja. No simplifiquemos.

Y como exponente personalísimo aparece *Cántico* en diciembre de 1928. Los 75 poemas que componen esta primera edición incluyen, formalmente, la intencionalidad de obra que Guillén venía trazándose. Las siete partes del libro —reducidas a cinco en la segunda edición— perfilan una simetría de elementos formales [21] acordes con un proceso de integración vital de carácter afirmativo. El primer *Cántico* es la resultante de unas felices circunstancias personales y de una voluntad creadora. Circunstancias que, partiendo de hechos concretos, se sustraen a una cronología determinada para aprehender el tiempo vivido como *unidad invasora absoluta*. De ahí que el dato biográfico no parezca tal dato, sino el ensanche de una física perpleja y analítica. Un espacio nuevo en poesía que en 1929 ya significó "Una época en la evolución de la lírica española". [22]

El cierre temporal de la Universidad de Murcia —febrero de 1929— proporciona a Guillén un lectorado en la

[21] Ignacio Prat, *"Aire nuestro" de Jorge Guillén*, Barcelona, 1974, p. 82.
[22] Azorín, *La lírica española,* edic. de Biruté Ciplijauskaité, p. 109.

Universidad de Oxford durante dos cursos. Antes de la partida, el dato literario más significativo es la publicación traducida del *Cementerio Marino* de Valéry en la *Revista de Occidente*. Desde Inglaterra —"aprendí poco inglés"— amplía su *Cántico* inicial y saluda con regocijo la caída de la dictadura e instauración de la II República. Salvador de Madariaga y T. S. Eliot forman parte de la dimensión amistosa.

Una permuta con su amigo Pedro Salinas le permite incorporarse a la Universidad de Sevilla en 1931. Por otra parte, en el gobierno o en las Cortes Generales, maestros y amigos del poeta son representantes de la voluntad popular: Ortega, Unamuno, Francisco de los Ríos, Azaña, etc. Guillén, a pesar de la fluida amistad que mantenía con Azaña, no milita en partido alguno, ni ejerce actividad política. Es un republicano liberal, como la mayoría de los intelectuales de la Institución Libre de Enseñanza, que comparte —por formación y convencimiento— un sentido de justicia y sociedad más igualitarios. Desde Sevilla le tocará vivir los avatares de una evolución trágica, que en absoluto elude. La ruptura con Juan Ramón Jiménez, en junio de 1933, es otro de los signos negativos de esta época.

Poéticamente, Guillén continúa en estado de gracia hasta la segunda edición [23] de *Cántico* el 2 de enero de 1936. Los cincuenta nuevos poemas confirman el júbilo inicial de la primera edición, sometido ahora a una depuración estética plenamente dominada. Los acontecimientos negativos —escasos, como hemos visto— no han quebrado la armonía que sigue centrada en su personal ventura de ser y de realización humana. Lo negativo tiene una presencia intrusa que se acalla con pericia de estratega: afirmación con afirmación.

El estallido de la Guerra Civil quiebra algunas adhesiones y el *intruso* se instala en casa. Pero Guillén, hasta 1950, sigue fiel a su ideal estético de dar cima a *Cántico* con todos los argumentos que el mundo, la vida y el hombre

[23] Blecua, J. M., *Introducción y notas de "Cántico" 1936,* Barcelona, 1970.

puedan proporcionarle porque "es tarde ya soñar la Nada". Algunos se escandalizan. Su amigo Azaña, a propósito del asesinato de García Lorca, tenía curiosidad por "saber qué elegía podrá escribir el poeta Jorge Guillén a la memoria de su camarada García Lorca".[24] Una vez más, los gestos y los hechos dan la medida del hombre.

Desde el mismo día del Alzamiento, Guillén clarifica su postura sin titubeos: "vi enseguida que no podría tragarme aquello. Una dictadura no se piensa, una dictadura se traga o no se traga". Con la ayuda de amigos sevillanos prepara un viaje a Pamplona cuya primera parte —traslado de los hijos a Francia con la familia de Germaine— tiene éxito, no así la segunda —el regreso—, que termina en cárcel para el poeta y su mujer. Los pases de frontera y la actitud pasiva de Guillén en cierto acto académico se confabulan para que las autoridades del general Mola les acusen de espionaje y desafectos al nuevo régimen. Unos días en la cárcel y, mediante firmas influyentes, don Julio Guillén consigue la excarcelación de ambos. Pero la suerte ya estaba echada. En Valladolid —primeros de septiembre— vivirá experiencias inolvidables: el estupor doloroso por el asesinato de García Lorca, el acoso de quienes en su propia ciudad le consideran un rojo peligroso, y el horror de una implacable represión. En Sevilla su personal situación no mejora: es separado del cuerpo de catedráticos y del aire libre de todo creador.

Y entonces, en 1938, me decidí a pedir los documentos necesarios para irme de España. En Sevilla me los dieron... No me acuerdo bien si fue el 8 ó 9 de julio de 1938 atravesé el puente sobre el Bidasoa.

Comenzar a los cuarenta y cinco años un exilio voluntario —sin los precedentes combativos de Alberti, Cernuda, Prados, Bergamín, etc.— es una decisión de coraje y la aplicación pragmática de aquel principio ético cervantino,

[24] Azaña, Manuel, *Memorias políticas y de Guerra*, II, Barcelona, 1978, p. 93.

que su madre le inculcara: "Libre nací y en libertad me fundo." La posterior politización de éste y otros casos no resuelve nada, pues las nóminas oficiales de lealtad tienen aplicaciones y lecturas muy diversas —incluso la contro-vertida traducción que Guillén hace de Claudel—. Sobre la famosa lista de poetas en la España leal, que publicará *Hora de España*, [25] nos comentaba recientemente Rosa Cha-cel —colaboradora de la revista— que

> era deliberadamente incompleta. Lo sucedido con García Lorca planeaba sobre todos nosotros a la hora de relacio-nar nombres que se encontraban en la otra Zona. El caso de Guillén fue uno de ellos.

Para el poeta se trataba de sobrevivir y de llevar a cabo, sin fatalismos, la esperanza poética que hace causa común con la del hombre. Lo que el propio Guillén decía sobre sus compañeros es aplicable a sí mismo:

> Mis compañeros de Generación continuaron su propio camino con su pluma, participando en la vida común y dieron a su poesía el sesgo social cuando cada uno lo creyó pertinente. Lo que no sucedió —como se figuran ciertos historiadores— es que los unos fueran vencidos por los otros en lucha política, y acabase por triunfar el clarín de la calle. ¡Politización! Se aplicaba el esquema de lo popular fácil opuesto a lo exquisito difícil. Así se escribe mal la historia.

En Norteamérica —con trabajo y ciertas privaciones— Guillén rehace vida y poesía. La Universidad de Middle-bury —1938 a 1939— es su primer destino en la "América hospitalaria", pasando durante el curso 1939-1940 a la Uni-versidad canadiense de MacGill, y de aquí a la de Welles-ley, Massachusetts, hasta su jubilación en 1957. También ahora el ser sigue apostando por una existencia como don, pero la historia se empeña en destacar desatinos. Sin la atmósfera del idioma, el hogar vuelve a equilibrar las esen-

[25] *Hora de España*, núm. VIII, Valencia, agosto de 1937.

cias, y el nuevo paisaje halla analogías felices. La afirmación juvenil —aquel salto de alacridad— se acompasa en
un impulso maduro y acumulativo. Aquí se inscribe la tercera edición de *Cántico* —fe de vida— que aparece en México en 1945, con 145 nuevos poemas. La muerte, el caos,
la guerra, el dolor, tienen presencia real pero con una
subordinación estructural y temática. En vida se refleja
también esa irrupción: la dictadura se consolida en España
a partir de 1939, los alemanes ocupan Francia en 1940 y
deportan a la familia de Germaine, y ésta moría en París
el 23 de octubre de 1947 tras larga enfermedad:

> Sobre esta misma almohada
> Me acompañó su cabeza.
> Sé ya ahora cómo empieza
> La blancura de la nada.

Este poemilla-trébol de *Clamor* refleja el golpe seco que
el incidente humano le asesta, justo en los dos pilares
que cimentaron, históricamente, su responsabilidad ética y
estética: el ser frente a la nada y el amor. Tambaleo de
horas tristes y desoladas, sí, pero no ruptura o cataclismo,
pues, en esa misma parte melancólica de … *Que van a dar
en la mar,* Guillén remonta la esperanza:

> No eres recuerdo que viva
> Por dominios sin tarea.

Sus clases, la organización de la casa —lejos Teresa en
Ohio con su marido, Steve Gilman, y Claudio en Princeton—, los amigos son referencias [26] que recuperan lo cotidiano para dar el cierre definitivo al *Cántico* total, que aparece en Buenos Aires en 1950.
   La realidad histórica no pudo ser excluida de la obra
guilleniana porque el tiempo fundamenta la presencia del
ser y a la vez la diferencia. *Cántico* se cierra cuando histórica y psicológicamente —lo hemos visto en vida— nin-

---

[26] Justina Ruiz de Conde, *El Cántico americano de Jorge Guillén,* Turner, Madrid, 1973, pp. 255 y ss.

guna contingencia ha conseguido derribar la afirmación perdurable del presente: ser en todas las facetas del tiempo. La planificación de obra, que existe y se demuestra, va a remolque de este recorrido ontológico. *Clamor* —con subtítulo "Tiempo de historia"— es el contexto inevitable y necesario del ser que opera integralmente desde su coordenada finita e histórica. Dentro de este desarrollo se explican las similitudes o las oposiciones. Fuera de él las partes de la obra se aíslan gratuitamente. El tiempo queda, en un sentido, ligado a la vivencia humana mediante acciones negativas —guerras, dictaduras, injusticias, negocio, tiranía, muerte, explotación, etc.— que encierra una conclusión crítica nueva en Guillén: "El mundo del hombre está mal hecho." Por otra parte, se somete a acciones positivas que reafirman la primacía del *Cántico* sobre el *Clamor*. No se establece una lucha maniquea entre el bien y el mal, sino una pugna afirmativa entre el ser que excluye a la nada en virtud de un principio vital y ético.

Guillén ha recorrido en vida las estancias de esta "compañía gozosa y dolorosa". Antes lo hizo y ahora añade otros argumentos. Durante el verano de 1949, de incógnito, regresa a España movido por la enfermedad de su padre, que fallece un año después. *Clamor* ya era un apunte mental previo a esta corta visita. Pero la realidad de España en la postguerra, y los acontecimientos personales, arrancan los primeros versos:

> Empecé en Valladolid, en la finca de mi cuñado Leónides, que hoy es una finca habitada por religiosos, cerca de las Arcas Reales, y donde había moscas. *Clamor* ha empezado por aquellas moscas... A las moscas siguieron los moscones y, claro, los elementos de la Guerra Civil, la protesta, la crítica, etc.

La propia historia es un eslabón de la historia general. Poéticamente no podría ser de otra manera. La patria y quienes la rigen, por ejemplo, tienen nombre, pero trascienden a categorías y símbolos universales. *Potencia de Pérez* —*poema político de arriba abajo*— viene a ser la imagen del dictador en estado puro: estribillo de farsa con sucesiones de coros que tienen su mismo perfil. Tiranía absoluta, por tanto. El dolor, y las preocupaciones de *Maremágnum* son tan propias como las de ...*Que van a dar en la mar,* elegía del recuerdo.

Hasta 1957, fecha de su jubilación, hay hechos destacables como la muerte de Pedro Salinas, el "amigo perfecto" —4 de diciembre de 1951—, su nombramiento como Charles Eliot Norton Professor en Harvard, y la aparición de *Maremágnum* en 1957. Viajes a México e Italia, cursos en Berkeley, Ohio, son datos menores que afianzan el tiempo de historia.

El premio que la Città de Firenze le concede en 1957 acompasa el tono de *Clamor*: allí conoce a Irene Mochi Sismondi, con quien casaría en Bogotá el 11 de octubre de 1961. La afirmación guilleniana vuelve a religarse —con sesenta y ocho años y hasta el final de sus días— a un destino amoroso, pues "no existe nada en torno al corazón acongojado". Se reabre la historia "a la altura de las circunstancias", y, como en aquel azar de Trégastel —"día de lujo"—, hay un acorde festivo:

> Es el día del Señor.
> Suene música sagrada.
> Cántico sobre Clamor.

Durante los veintitrés años que restan de vida, con las limitaciones de lo físico y la sabiduría del anciano, el poeta no dimite como actor de vida y obra. A su jubilación siguen cursos en distintas universidades: Colombia, 1961; Puerto Rico, 1962 y 1964; Pittsburg, 1966; Oklahoma, 1967; California, 1968, y Puerto Rico nuevamente en 1970, en donde una caída con rotura de fémur le aparta definitivamente de la docencia. La obra se amplía en admirado *Homenaje* —libro publicado en Milán en 1967— a todo cuanto vitalmente lo había relacionado: "Admiración a paisajes, a hombres, a amigos, a figuras, pero también a libros y al pasado." La unidad de *Cántico* a *Homenaje* se plasma un año después con la publicación de *Aire nuestro*, título que ampara también a las dos series siguientes de *Y otros*

poemas y de *Final*. Si el poeta creyó en un momento que
la obra estaba completa, se engañó a sí mismo, porque la
vida seguía teniendo argumento para la creación: "sigo respirando". Había matizaciones por añadir y cabos sueltos
por explicar en *Y otros poemas*, con sus dos ediciones de
Buenos Aires 1973 y Barcelona 1979.

El retorno definitivo a España se produce en 1977. Re-
conocido internacionalmente con premios en América, Italia y Bélgica, una vez muerto el dictador, España le concede el premio Cervantes. Mientras, el tiempo se acorta
debilitado por un cansancio físico y por las enfermedades
de la edad. El poeta, desde Málaga, agradece los homenajes
de su ciudad natal —noviembre de 1982— y de su ciudad
adoptiva —enero de 1983—. Los premios que se acumulan
son *lujos* que acepta como simple dimensión lectora:

> Nunca escribí para ganar dinero
> Página de poema ni de prosa.
> ¿Y los premios? Tardía lotería.

Los difíciles años de la transición democrática, con sus
tirones en sentido adverso, alientan, no obstante, la esperanza del poeta: "Hay que superar la historia... Pienso
que hay razones para tener esperanzas a pesar de las difi-
cultades." *Final*, que aparece en Barcelona en 1981, cierra, esta vez definitivamente, la obra completa:

> Doy por concluida mi obra. He escrito lo que realmente
> tenía que escribir. Me doy por contento. Ahora bien, si
> vivo lo suficiente, me gustaría que saliera publicada una
> nueva edición corregida, y quizá mínimamente ampliada,
> del último libro, que salió con muchísimas erratas... Sueño
> con poder disponer de más años. Con dos me conformaría.

Y vivió, efectivamente, esos dos años en los que preparó
la segunda edición que ahora publica Castalia. *Con el alma
serenada, Final* de una vida —6 de febrero de 1984— con
las adhesiones y rechazos que centraron su proyecto temporal y estético. En suma: una coherente y natural historia, pues

La vida, bien vivida y entendida,
Si se resuelve ya serenamente,
No nos deja sabor del todo amargo.
Se va oyendo un rumor. La vida es fuente.

III. FINAL DE LA OBRA CONSUMADA

1. *El tempo finale*

Inevitablemente, la anterior síntesis conduce al *Final* de vida y obra como una exigencia ontológica que Guillén ha ido aplicando a través del tiempo. Recordar esta aplicación, cuando "ya se acaba la edad" —*Final* comienza en 1973 y en la práctica concluye en 1983—, resulta un tanto riguroso y chocante. No se concibe con facilidad que el discurso poético haya tenido la suerte de un desarrollo tan justo y tan pleno. Sin embargo así fue.

En la misma dedicatoria del libro queda explicitada la necesidad de conjunto musical —*Finale*— y de armonización. Nada puede sorprender porque, en definitiva, éste es el enunciado común a todo ritmo poético. Pero es sorprendente por la implicación ontológica que se deriva. El tempo de *Final* nos lleva estéticamente al de *Cántico, Clamor* y *Homenaje* mediante un principio de analogía. Strawinsky —a quien Guillén conoció en sus años jóvenes de París y después comparte en el exilio la cátedra de Poética en la Universidad de Harvard— elige técnicamente este principio por ser el que mejor representa la consistencia unívoca de la música frente a lo que él llama "seducciones de la variedad":

La variedad sólo tiene sentido como persecución de la similitud. No tengo por qué temer su falta, puesto que nunca dejo de encontrarla. El contraste está por doquiera: basta con señalarlo. La similitud está, en cambio, escondida; hay que descubrirla, y yo no la descubro más que en el límite de mi esfuerzo. [27]

[27] Igor Strawinsky, *Poética musical*, Taurus, Madrid, 1981, p. 36.

Guillén, a lo largo de sesenta y cinco años de poesía escrita, a base de compás y de copla, confirma que la tentativa del ser es inagotable a través de

> La audición de un transcurso delgadísimo
> Que es tiempo
> Personal, general, universal,
> Casi una sensación
> De espacio,
> Un espacio infinito:
> No cabe en nuestra mente humilde y firme.

Final, por voluntad propia, es la modulación postrera de ese conjunto analógico:

> El poeta no adiciona repeticiones, tal vez innecesarias, a todo el trabajo precedente. Hay aclaraciones, prolongaciones, variaciones que iluminan y enriquecen este último manantial o manantiales. Por lo menos es el propósito constante del poeta. Final: continuación y síntesis. [28]

La desigual valoración que la crítica viene dando de las series de *Aire nuestro* conduce, en determinados casos, a mutilaciones deliberadas. Para algunos, *Aire nuestro* se cierra con *Homenaje,* y para los puristas de verdad sería *Cántico* la única lectura que da clímax y sentido al conjunto de la obra. Se identifica así preceptiva estética —valor del individuo— con desarrollo integral, dándose por entendido que la categoría tiempo no añade nuevo conocimiento al ser, sino tan sólo continentes repetidos o estereotipos innecesarios.

En cambio, la práctica guilleniana es otra. El tiempo de *Cántico,* que dura treinta y un años, posibilita el de *Final* como hilo diacrónico que da homogeneidad al tiempo vivido. Y también lo diferencia en cuanto que el tiempo de *Final* se vive desde la senectud:

---

[28] Jorge Guillén, "El argumento de la obra", *Poesía,* núm. 17, p. 33.

El cansancio me ayuda a ver más claro,
A sentir las distancias verdaderas.

Cansancio sólo físico pues, paradójicamente, propicia una dinámica no desarrollada hasta ahora en *Aire nuestro.* Así el valor ético, que viene perfilándose desde *Cántico* como una tregua, tiene en *Final* su acomodo dentro de una axiología poética de nuevo cuño. Actitud que, a su vez, exige una adecuación estética ya iniciada en algunas secciones de *Y otros poemas,* y que en *Final,* mediante la percepción demostrativa, formula, sin lecciones, la vivencia límite del hombre.

De aquí que la propia y general historia tenga un largo espacio: el que va desde la provocación afirmativa del ser "Dentro del mundo" —primera parte dc *Final*— hasta el no ser que, desde "Fuera del mundo" —última parte—, no habita ninguna tumba sino que se reafirma en esperanza. Razonablemente, el poeta nos advertía desde el principio que *Final* era continuación y síntesis. Pedir a estas alturas de la vida que *Final* reproduzca el *Cántico* jubiloso del principio, amén de un menguado plagio de sí mismo y una tautología poética, equivaldría a una verdadera regresión histórica y ontológica: todo lo contrario a lo que el poeta ha venido siendo fiel. Para bien o para mal, el tiempo es siempre progresivo, y en Guillén es lo único que hace: avanzar hacia una realización y disponibilidad humanas de signo vitalista. [29] Aquí se encuentra, precisamente, la analogía con *Cántico* y con las demás series de *Aire nuestro* como razón unificadora de lo uno y lo diverso.

El gusto del lector o del crítico podrán inclinarse, legítimamente, por la melodía que más le agrade, pero entendiendo que se trata de una elección y no de un intervalo que separe sincrónicamente la serie del conjunto temporal y creativo. Lo contrario nos llevaría a una monumental teo-

---

[29] Anne-Marie Couland-Maganuco, *L'experience temporelle et son expression dans "Aire nuestro", V: "Final", de Jorge Guillén,* Presses Universitaires de Bordeaux, 1985, p. 223.

rización que en *Y otros poemas* motiva una respuesta iró-
nica por parte del poeta:

> Es un lector que sólo admite cumbres.
>
> En pocos textos queda trasformado
> Todo un conjunto de escritura varia.
> ¿Hombre exquisito?
>   No. Superficial.
> Un jardín no es la flor en el ojal.

2. *La armonización de los elementos*

El "deseo implícito de música" que declara Guillén en la
dedicatoria de *Final,* obliga a la recurrencia de la termino-
logía musical como expresión artística y como elevación
límite del espíritu poético. Esta concepción, que es parte
de la estética romántica, y que Baudelaire y Stendhal apli-
caron a la literatura con criterios muy personales, tiene ya
en Guillén consecuencias específicas. Se despega del sentido
subjetivo, místico —recordemos en este sentido la influencia de Rameau con su *Traité de l'harmonie*—, y literario
que la música tuvo a lo largo del xix y principios del xx,
para estructurar el tono de la obra poética total. *Cántico*
y *Clamor* son tonos y, a la vez, registros del discurso poético, donde la disonancia tiene aires de modernidad. La
metafísica realista de Guillén, y el tiempo vital que la recorre, se ajustan a metros de "absoluta armonía en aire
humano", como dice en *Cántico* en el poema "El concierto". El metro de *Final* —tan dilatado que parece prosa—
no halaga a esa armonía. Sí la culmina, pues en "vivir se
funde" —*Cántico*—, buscando la coherencia de *Aire nuestro,* como *lectura abierta a novedades* —*Final.*

Tanto en la primera edición como en la segunda, esas
novedades se ajustan a una temporalidad que el poeta vive
desde la naturaleza —fenomenología relacionante con todo
lo anterior—, y desde la libre consecuencia de esa aplicación temporal: su propio ahora que, a sus años, sigue pidiendo poesía y, por ello, futuro:

> Esta falta de tiempo en los finales
> Años... El hombre aún concibe y puede,
> Realizar con la angustia de los límites
> Próximos, tan normales, tan inciertos.

No se trata, por tanto, de una impenitente afirmación fisiológica o postrer reflexión, sino de traspasar la personal aventura hacia una trascendencia poética "más allá de los límites de la experiencia posible", que decía Kant. Veamos, a continuación, cómo en las cinco partes de *Final* se avienen el acontecer temporal y la razón poética.

Primera parte, "Dentro del mundo"

Suele considerarse esta primera parte —en simetría con la última, "Fuera del mundo"— como un compendio del pensamiento guilleniano. [30] Sus nueve poemas —sin variaciones en la segunda edición, con un predominio del verso blanco hasta el seis, y una métrica variada que va del heptasílabo al alejandrino con un total de 70 versos— [31] conducen, efectivamente, a esa valoración con una serie de interrogantes sobre la creación, el creador, la naturaleza y el hombre. Ello nos remite, ante todo, al punto de partida de este trabajo cuando hablábamos de la conciencia de ser poeta. Fuera de esta conciencia, la filosofía es una mera referencia y los interrogantes de orden filosófico son preguntas para diferenciar una jerarquía de valores estrictamente poéticos. El poeta elige su verdad y determina su ética a partir de la creación subjetiva y no de la razón filosófica, como es bien sabido.

Guillén, en esta primera parte, aclara sus fidelidades: las que a través del tiempo han determinado la cosmología de la obra y han enmarcado, éticamente, su personal cántico

---

[30] Antonio Romero Márquez, "El *Final* del *Cántico* (Un cántico sin final)", *Cuenta y Razón*, núm. 9, enero-febrero 1983, p. 85.

[31] Antonio A. Gómez Yebra, *Estudio métrico de "Final" de Jorge Guillén*, Málaga, 1988.

gozoso y doloroso. El primer poema —clave de la razón
poética— es una relación de interrogantes, típicos de la
filosofía tradicional, sobre el primer instante —"Creación
enorme"— y sobre la materia: "¿Estalló de repente desde
el Cero? ¿Desde qué, desde quién?" Tanta pregunta en un
mismo poema es un recurso nuevo en Guillén que, necesariamente, tiene una finalidad, y no puede ser otra que el
desmarcarse de ese conjunto, pues él es un poeta afirmativo. Algo que hace con las dos únicas y lacónicas afirmaciones que hay en todo el poema: "—Yo sé." "—Yo no."
Es decir, sabe que estas preguntas son lugares comunes en
toda filosofía; incluso en *Y otros poemas* —parte 3, sección II— existe una glosa sobre *Creador y Creación* en el
Rig-Veda. Pero "yo no". No está en el centro de ese interés filosófico como tal, pues la pregunta interesante es de
orden poético cuando se interroga al final del poema:
"¿Hasta dónde se llega con un yo?" Interrogante de aventura poética que lleva a la esencia de la poesía y al contorno de creación palpable —*maravillas concretas*—:

> Con sus gravitaciones más umbrías
> Reténgame la tierra,
> Húndase mi ser en mi ser.

"La soledad triunfante y creadora" del segundo poema
es *misterio* que, en el tercero, se concreta en flora y fauna.
"Creación fantástica" de "Alguien" o de "Nadie" que tra-
baja con *mucha maña.* ¿Demiurgo o acrobacia? La interrogación del "¿Cómo sucedió?" nos devuelve a la disquisición
filosófica sin respuesta: "Quién sabe, Quién entiende esta
maraña..."

A partir del cuarto poema, los interrogantes filosóficos
terminan para puntualizar el tiempo y el espacio que le
definen como poeta:

> Yo reconozco habitación, mi espacio.
> ¿Qué hora será? Mi tiempo me hace falta.

Y comienza la personal aventura, circunscrita a un círculo
terrestre nada mediocre, entre dos valores absolutos: vida

y muerte. Vida, valor relacionante —lo que ya es: principio del yo y fe de un impulso vital que "conquisto. Me conquista".

Segunda parte, "En la vida"

O desarrollo consecuente de "lo que ya Es". Tres secciones estructuran esta larga parte. La primera —27 poemas con uso preferente de la silva y verso blanco— se subdivide en tres: la primera intitulada; y "Flora y Fauna" como título de las otras dos. La segunda sección —57 poemas numerados con una gran variedad de metros y estrofas rimadas— tiene, a su vez, dos subsecciones: "La expresión" y "Vida de la expresión". Y la tercera —29 poemas titulados, sin rima en la mayoría de los casos, y organizados en torno al endecasílabo y heptasílabo como silvas o simple agrupación de endecasílabos blancos— que no tiene subdivisión alguna. Una larga secuencia de versos cuya estructura métrica analizó exhaustivamente Francisco J. Díaz de Castro [32] siguiendo la técnica que Ignacio Prat había utilizado en *Aire nuestro*.

A esta parte de "En la vida" la segunda edición añade diez nuevos poemas: seis numerados y cuatro con título. De los primeros, tres se integran en la serie "De la edad" —números 7, 8, 9—; otro en "Más noches" —número 5—; en "La expresión" —número 32— el subtitulado "Noticia de la Lengua Española"; y el número 5 —"¿Quién seré?"— se amplía con "La gran frase de Ortega". De los cuatro titulados, "Tu cumpleaños" forma parte de "Flora"; los otros tres —"Rumores", "Con esperanza" y "Castellana juventud"— se ubican en la última sección. Un total de 89 versos que, métrica y temáticamente, no ofrecen novedades al integrarse coherentemente en el conjunto.

Si en "Dentro del mundo" la visión cosmológica se posaba en el planeta Tierra, "En la vida" se decanta el perfil

[32] Francisco J. Díaz de Castro, "Estructura y sentido de *Final*, de Jorge Guillén", *Cahiers d'études romanes,* núm. 10, Université de Provence, 1985, pp. 137-177.

que da sentido a la tentativa terrestre. La primera parte, con sus tres secciones, declaran los ejes de esa aproximación: naturaleza, hombre, ciclo vital, fe y destino *en busca de armonía*. Aquella naturaleza que en *Cántico* era "gozosa materia en relación", en *Final* conserva el prodigio. Su consistencia y hondura reasumen, por una parte, la perfección primigenia, pero matizándola, por otra, desde un ángulo discreto y nuevo: la edad que acorta los días y aclara "las distancias verdaderas". Algo que no es, precisamente, jubiloso aunque sí clarividente.

Sírvanos como referencia "Los cuatro elementos" de *Final* —tierra, agua, fuego, aire— que contrastan con los mismos de *Cántico* en el poema "Paso a la aurora". Ambos, simétricamente, inician la segunda parte de sus series respectivas. En *Cántico* la realidad era tan nueva que empuja a un clima solar de derroche y algazara:

> El sol. Sobre las tierras, sobre las aguas, sobre
> Los aires, ese fuego. Todo se le confía,
> Nada quiere ser pobre.

La flora y la fauna, también presentes, no desarrollan la amplitud cuantitativa de *Final*: sellan el pacto de armonía entre el hombre y la naturaleza para concluir en acto pujante: "Facilidad, felicidad sin tacha".

"Los cuatro elementos" de *Final* siguen siendo natura prodigiosa relacionante. El tiempo vivido y el que resta —necesariamente corto desde la Málaga adoptiva— inducen a una puntual reflexión de lo elemental como resumen de luces y sombras, y con pregunta nueva: "¿Y arriba a gran altura el primer Móvil?" Simple interrogación que no determina el natural desarrollo de presente o futuro. La tregua del poeta la recrean "Horas marinas" con seis minuettos en cuyo final vuelve a darse "Paso a la aurora".

Desde el enfoque discreto del balcón malagueño, las edades del hombre, las del propio poeta también, destacan su circunstancia vital. El teatro del niño, la inconsciente adolescencia o la ancianidad fecunda, concluyen en grata sensación:

Maravilla de haber dormido
como un ave dentro de un nido.

A ello contribuye una "Flora" y una "Fauna" con un sentido equilibrado. En la "Flora" perdura un eros amoroso que nada extraña, pues da la mano incluso a la historia de sus ancestros de Tierra de Campos. La "Fauna" evidencia la perfección de natura en el reino animal frente al desorden humano. Imperceptiblemente, los vencejos de la infancia conducen a las tardes cortas —contrastan con las largas de *Cántico*— y a las noches silenciosas de la ancianidad. A un paso de la melancolía, una cita de Espronceda procedente de *El Diablo Mundo* —"¿Por qué volvéis a la memoria mía, / Dulces recuerdos del placer perdido?"— sirve para recuperar el pulso de un sueño muy lúcido:

En busca de armonía yo me inserto,
Mínimo ser incluido en el cosmos.
¿Y yo qué soy con mis tercas palabras?

Con la palabra se llena la segunda parte de "En la vida": "La expresión" y "Vida de la expresión". Mediante ésta el hombre se integra en el mundo como fuerza creativa. La forma, el estilo, la inspiración, el lector o la crítica, tienen vida y se integran en un ritmo con meta y vocación entrañable. Frecuentemente el sentido del humor impregna ambas secciones, sirviéndose de una serie de citas y lugares comunes que hacen de la poesía un reducto de burócratas exquisitos y pedantes de tomo y lomo:

Y tanto teoriza aquel talento
Que su tesis le envuelve y se le enrosca,
Y ya no ve la realidad concreta,
Y al colibrí desposa con la mosca.

En la tercera y última parte, el yo concluye ese desarrollo elemental del mundo y de la vida: "¿Quién seré?". La circunstancia relacionante de Ortega es cita textual y con ella, aparentemente, se identifica Guillén. Pero en la base del saber científico y del saber poético hallamos la diferencia. Para Ortega el mundo y las cosas alteran la naturaleza del yo; en cambio, para Guillén, feliz y poéticamente, le sitúan:

La circunstancia ¿no es el "aire nuestro"?
Realidad que nos nutre y se respira.

Las vicisitudes históricas y personales —"los espantosos poderíos", el amor, la inteligencia, la vejez, el final, la esperanza— clarifican la situación del ser como tentativa consolidada y relación inmediata con el cosmos, pues "¿Cuándo al hombre el sol engaña?".

Tercera parte, "Dramatis personae"

Constituye una de las partes más amplias de *Final*, subdividida en cinco secciones —"Esa confusión", "Fuerza bruta", "Epigramas", "Tiempo de espera", "Galería"—, en torno a lo que Guillén denuncia como "situaciones sociales y políticas de nuestra época, tan incómoda, pero insoslayable". "Esa confusión" —33 poemas numerados, uno con título, dotados de una estructura métrica variable en la que prima el verso blanco en silvas o grupos de endecasílabos—, junto con "Fuerza bruta" —12 poemas numerados y métrica semejante a la anterior y con un reforzamiento de prosaica rima en algunos poemas—, centran esa temática social ineludible. "Epigramas" —125 poemas caracterizados, generalmente, por la rima y composiciones cortas, con una gran variedad estrófica centrada en redondillas y romances, junto a silvas y endecasílabos blancos— se desdobla, simétricamente, en cuatro subsecciones. En una transición de días y de noches —tiempo que abre y cierra cada subsección— asoma un Guillén cáustico y socarrón que ironiza sobre la vida, la historia, la moral o la estética. "Tiempo de espera" —17 poemas numerados—, métrica y temáticamente, guarda simetría con "Fuerza bruta". La diferencia estriba en que ahora es España y los españoles quienes embrollan la historia. "Galería" —21 poemas titulados y uso preferente del verso blanco y de la silva— cierra "Dramatis personae" con un recorrido epigramático sobre la edad, y sobre ciertas profesiones y expresiones de la vida.

La segunda edición agrega, a esta parte de *Final,* 12 nuevos poemas, con un total de 115 versos. Tres de los poemas se integran en "Esa confusión" con los números 21, 29, 30; seis, en "Epigramas"; uno, en "Tiempo de espera", con el número 2; dos, en "Galería": "Niñez" IV, y "Después, mucho después". Por otra parte, reaparece el epigrama "Es envidioso y casi impotente"; se añaden dos poemas procedentes del *epílogo* —inscripción inicial y I— a "Esa confusión" —número 23— y "En suma" IV; y queda suprimido el epigrama "Crimen. Terror de masas. Humos, vahos", que forma parte de "En la vida" —poema "Con esperanza".

Esa rigurosa y consecuente aplicación que Guillén viene haciendo sobre el desarrollo temporal del ser desemboca, una vez más, en el hecho histórico como exclusiva *voluntad del hombre.* Algo reiterado desde *Clamor* y que en "Dramatis personae" obedece a circunstancias muy determinadas e inseparables de una finalidad ética. Actitud política, efectivamente, que implica pronunciamientos, pero también valoraciones y, ante todo, poesía. La historia descriptiva cuenta como dato analógico —positivo o negativo— para justificar el arraigo planetario del poeta. Frente a la pesadez de una historia trágica y repetitiva, Guillén sigue en sus trece: ser contra nada. "¡Yo quiero respirar!", dice en el primer poema de "Esa confusión".

Por lo tanto, los modelos de la configuración ética no se eligen de un método filosófico o se basan en una descripción empírica al modo aristotélico. La razón sigue siendo poético-existencial e indivisible al origen del ser: único valor absoluto que subsiste a través del tiempo, y que decide la puesta en práctica de la ética guilleniana. Bajo este principio, la poesía política de Guillén, y más en concreto la de *Final,* aparece como imperativo que "no concluye en un hoyo de negociaciones" porque la historia, en sentido opuesto al de Ortega, no determina la naturaleza del hombre:

> Con precipitación desenfrenada
> La Historia es un deporte velocísimo.

El desarrollo de este argumento confiere a *Final* —a "Dramatis personae"— la coherencia con series anteriores y también su particularidad.

"Esa confusión", con sus 33 poemas, resume los supuestos vergonzantes de la historia regresiva: *poderío de Tirano o de Estado*, dogmatismo, holocausto nuclear, violencia y asesinato, juventud corrompida, negocio, la pesadilla de España. Y frente a este caos negativo, los supuestos innegociables de la ética rimada: libertad, tolerancia, vida, amor, esperanza, protesta, democracia. Enunciado así, sumariamente, uno reconoce ciertas connotaciones de didáctica poética. Pero en verdad, ni la letra ni la lectura posibilitan esta apariencia. A cada discordancia —que en "Esa confusión" se remonta del *homo sapiens* a la España del franquismo y del 23-F— hay una correspondencia ontológica de rango afirmativo. Y en cada afirmación salta lo inasequible de la poesía por instinto, y como escapando a ese propósito enunciador y a la barahúnda histórica. *En suma*, poema que cierra "Esa confusión", resume también la razón última de la ética y de la estética guillenianas:

> Escucho ahora
> La armonía del ser que quiere y busca
> La plenitud del ser con entereza,
> El amor, la amistad, la paz del mundo.

Poesía social, y sin embargo poesía. El hecho que ésta disguste no cuenta para nada, como decía Eliot. En Guillén se justifica siempre como solidaridad ontológica.

> La poesía tiene siempre, siempre, una función social. Siempre me dirijo a un lector. Hay un prejuicio de que la poesía es una cosa delicada, íntima, independiente, de sentimiento, pero todo lo que puede ser social es poesía desde que existe en griego la palabra "sátira".

"Fuerza bruta" —que como expresión literaria se registra en Guillén desde 1921, en su artículo "El cañón de papel"— [33] encarna la aplicación más desoladora de la tiranía impuesta, *manu militare,* al colectivo patria. Que sea Chile el paradigma de esos "profesionales de la fuerza bruta" importa, cómo no, por ser la brutalidad más inmediata. Pero hispánicos o de donde sean, los tiranos para Guillén triunfan por "hecatombe, dolo y crimen". Por ello, los 12 poemas se extrapolan a cualquier tirano y a cualquier patria con un resultado idéntico: catástrofe universal que ciega, por temor, hasta los sepulcros,

> ¿Cómo presentarán estos caudillos
> —Pregunta un caminante—
> El Haz de muertos al gran Juez del cielo?

El poeta contra la fuerza bruta moviliza lo que tiene: poesía que, "flotante, siempre activa la esperanza".

La tensión de "Fuerza bruta" necesita un relajo argumental, precisamente a través de la sátira como vehículo. En "Epigramas", con sus cuatro subsecciones, se destensa, por una parte, el clímax creado por las dos secciones precedentes; y por otra, con esa levedad incisiva del poema corto, se insiste en cada uno de los temas de las series o partes anteriores, aunque desde una óptica precisa. Ocurre que, con la edad, Guillén ha ido acentuando, razonablemente, un sentido del humor que en *Final* se incorpora como una consecuencia práctica del arte de vivir. Decía a este respecto: "Uno se indigna, se entusiasma, se entristece. Pero si uno no se riese, ¿cómo se podría vivir en sociedad?" El componente humorístico no disuelve en trivialización nada de cuanto viene conformando la poética de Guillén. Asume la vieja técnica de griegos y modernos como actitud sensata que armoniza, sin tragedias, la comedia de la vida.

En "Tiempo de espera" la fuerza bruta remite a España con todas las acumulaciones de una lucha endémica y per-

---

[33] *Hacia "Cántico",* p. 112.

sistente. Para Guillén se trata de un antiguo error que
libran españoles contra españoles por inadaptación, intran-
sigencia o casticismo. La Cruzada —como poética y coloquialmente denominaba a la guerra civil— constituye el
capítulo más violento y regresivo de la historia española.
Pero España como problema sistemático no tiene cabida
en Guillén. Tampoco las soluciones que al mismo dieron
maestros como Quevedo u Ortega. La restauración glorio-
sa de Ganivet, el irracionalismo metódico unamuniano, o el
quid divinum de Ortega como base de un estado fuerte
inspirado por la aristocracia intelectual, provocan en Guillén escepticismo y negativa. Escribía al respecto en 1923:

> Basta, basta. Necesito ser real como un europeo cual-
> quiera. No me place, hipotético, sentirme perdido, egre-
> giamente perdido en la irrealidad de una España demasiado
> planteada como problema. ¡El problema de España! ¡Qué
> cansancio, qué fastidio! ¿No es bastante vivir simple y
> fuertemente —sin más— esta tremenda y magnífica fatali-
> dad de ser español? [34]

Esta fatalidad, y los problemas específicos de los españoles —"que España sea un problema eso es una cosa romántica, una duda quimérica. España es una realidad y si no
nos gusta será por resoluciones concretas"—, deciden para
Guillén las continuas regresiones de la historia española.
En "Tiempo de espera", los problemas y las regresiones se
dan cita en estado puro, encarnados en el tirano que, vana-
mente, aspira a ser Río Eterno. Con la muerte del dictador
—cuarenta años de fondo inquisitorial y de régimen co-
rrupto bendecido— se acaba, en "Tiempo de espera", la
tiranía:

> Sonrieron al sol los perseguidos
> Sus lares restauraron los dispersos
> A los cuarenta en punto de la Historia.

La esperanza vuelve a recrear el ser y la conciencia histórica de los españoles: "retroceso no habrá".

---

[34] *Ibid.,* p. 379.

Con "Galería" —última subsección de "Dramatis personae"— vuelve a suavizarse, léxica y semánticamente, el conjunto lacerante y apabullador reflejado en "Esa confusión", "Fuerza bruta" y en "Tiempo de espera". La niñez, apoyada en biznietos e hijos de familiares o amigos, sugiere ahora el fondo de afirmación e ironía que acompaña, desde sus comienzos, al hombre mortal. Visitas al poeta nonagenario, consideraciones epigramáticas sobre el poder y los oficios, junto a la feria de las vanidades ejercida por artistas, escritores o espectadores, conducen hacia el final de la vida con su incesante drama y con su comedia.

Cuarta Parte. "En tiempo fechado"

Desde *Homenaje* —"Reunión de vidas"— Guillén viene integrando a su obra todo ese complejo mundo literario que, en el tiempo, ha ido conformando la realidad expresiva y ha creado la historia de la palabra. Fenómeno vital para quien parte de ese *continuum* como expectativa abierta. "Nosotros —dirá— hemos vivido los libros con verdadera pasión, han sido vida, de ninguna manera una cosa fría, libresca, superficial." Por tanto, algo más que una dimensión lectora o erudita, pues dicha preexistencia garantiza la esencia misma del lenguaje y de la poesía. A partir de este dato fundamental —lo vimos en la primera parte de esta introducción— no caben extravíos: el poeta diseña su origen y rumbo. Tanto en *Homenaje* como en *Y otros poemas* —partiendo de la admiración de autores y obras— Guillén glosa, recrea o integra ese caudal histórico como actitud consecuente de lo que es y como garantía de lo que él mismo será.

"En tiempo fechado" se insiste —justa correspondencia: realidad y palabra— en la misma cercanía histórica de autores y obras. En este caso, los personajes y los hechos recreados son distintos a los de *Homenaje* o *Y otros poemas*. En parte porque la intencionalidad ética de *Final* requiere otra selección, y también porque las lecturas y los amigos admirados son otros.

Los 92 poemas de "En tiempo fechado" —seis más que en la primera edición: "Ronsard. Les amours", "Mimmo Morina. San Francisco", "El joven poeta", "Misterioso", "Inspiraciones", "En último término"— se dividen en tres subsecciones guardando simetría con la parte de "En la vida". La silva y endecasílabos blancos, junto con alejandrinos y la falta de rima, en general, unifican métricamente todo el conjunto. El "Fiat lux" inicia la I subsección —42 poemas— con un amplio recorrido de personajes, autores y arquetipos. La II —"Otras variaciones"— se concreta en 12 poemas y en el mismo número de autores, a quienes traduce o asimila. Los 38 poemas de la III subsección cierran la glosa final del homenaje guilleniano a la naturaleza, a la amistad vieja y reciente, a la vida y a la esperanza:

> Ni siquiera Proust con asma
> Me lleva al tiempo perdido.
> En el oscuro futuro,
> Y sin el menor conjuro,
> Mi esperanza busca nido.

El amor ha cumplido también el énfasis inicial de *Cántico*. Y el poeta, con lector y lectura —"si tú vibras, yo vibro"—, sella ahora, definitivamente, el conjunto de obra total:

> Mi labor, mi ambición son en resumen:
> Identidad personal en conjunto
> Coherente de obra: poesía.

Quinta parte, "Fuera del mundo"

O la última consecuencia del ser en su planeta. *Meditatio mortis?* Muerte, sí, pero como justo final de la vida por ley de natura. Los nueve poemas —simétricos a los nueve en "Dentro del mundo" y con una métrica parecida— su fondo no responde a esa intención tan tópica como atractiva desde Jorge Manrique a Quevedo. El mismo título "Fuera del mundo" viene a ser la perífrasis consecuente de una actitud repetida desde *Cántico*: "Yo sigo respirando". En "Ars vivendi" —poema de *Clamor*— se puntea virtualmente el momento del no ser:

> Ay, Dios mío, me sé mortal de veras.
> Pero mortalidad no es el instante
> Que al fin me privará de mi corriente.

Para Guillén, mientras haya vida, la muerte es una realidad aplazada por ser negación absoluta. Por ello, no puede informar ninguna existencia, ni siquiera la del último instante. Es más, tampoco la del mismo muerto, porque ya es nada:

> No te entristezca el muerto solitario.
> En esa soledad no está, no existe.
> Nadie en los cementerios.
> ¡Qué solas se quedan las tumbas!

Vivir no es morir.

Las preguntas que se hacía en "Dentro del mundo" sobre la Creación y el Creador guardan correspondencia intencional con las que se hace en "Fuera del mundo". Con la diferencia que aquí se parte de la premisa ya entonces establecida: "Mortal soy de minúscula morada". El salto a la trascendencia después de la vida se resuelve para Guillén en una cascada de interrogantes que afirman. ¿La inmortalidad?, una tentación angélica que exige un salto incomprensible de acróbata: fe. Pero si alguien la tiene: "No perturbéis esa ambición sublime". Desde la simple relación "Motor Primero" y hombre, se mantiene la misma dialéctica interrogativa —poema 5—, pero con afirmaciones puntuales: "¿Podría en mí fijarse...? Me siento indigno; ¿Me necesita a mí? Me anonada; ¿Cómo hacerme escuchar...? Yo nada sé." Como ocurriría en "Dentro del mundo", la razón filosófica o teológica no modifican el agnosticismo guilleniano. Confesaba coloquialmente:

Soy agnóstico. Yo no llego a conocer a Dios, porque me parece incognoscible. No llego a Él, pero me alegraría mucho de que existiese. Sería una formidable complejidad.

De nuevo la clave reside en la finitud humana y en la razón poética, porque "sin lugares, sin horas, ¿qué es el hombre?" Este palpable más acá es lo que el poeta entiende y de lo que da fe. La muerte "es el término justo de una Historia" que, serenamente, cumple el orden natural. Cuando éste se altera —*por patriotismo o pena de muerte*— se comete asesinato. Entonces el argumento vital de *Cántico* y el ético de *Final* se identifican pidiendo la única garantía de continuidad ontológica:

> ¡Ay, violencia!
>   Paz, queramos paz.

Obra y vida al fin consumadas dentro de un decurso temporal vastísimo: *Aire nuestro*.

ANTONIO PIEDRA

NOTICIA BIBLIOGRÁFICA

Obra poética *

Cántico, Revista de Occidente, Madrid, 1928; *Cántico*, Cruz y Raya, Madrid, 1936; *Cántico —Fe de vida—*, Litoral, México, 1945; *Cántico —Fe de vida—*, Editorial Sudamericana, Buenos Aires, 1950.

Clamor —Tiempo de historia—. Maremágnum, Editorial Sudamericana, Buenos Aires, 1957.

Clamor —Tiempo de historia—... Que van a dar en la mar, Editorial Sudamericana, Buenos Aires, 1960.

Clamor —Tiempo de historia—, Λ la altura de las circunstancias, Editorial Sudamericana, Buenos Aires, 1963.

Homenaje —Reunión de vidas—, All'Insegna del Pesce d'Oro, Milán, 1967.

Aire nuestro: Cántico, Clamor, Homenaje, All'Insegna del Pesce d'Oro, Milán, 1968.

Y otros poemas, Muchnik Editores, Buenos Aires, 1973.

Aire nuestro. I, *Cántico*, Barral, Barcelona, 1977; II, *Clamor*, 1977; III, *Homenaje*, 1978; IV, *Y otros poemas*, 1979; V, *Final*, 1981.

Aire nuestro. I, *Cántico*; II, *Clamor*; III, *Homenaje*; IV, *Y otros poemas*; V, *Final*, Centro de Creación y Estudios Jorge Guillén, Diputación de Valladolid, Valladolid, 1987.

---

* Excluimos las publicaciones de poemas sueltos, antologías y traducciones porque multiplicaría indefinidamente esta referencia sin añadir nada que no aparezca recogido en la obra mayor.

PUBLICACIONES EN PROSA

"Aire-aura", *Revista de Occidente,* II, 4, 1923, pp. 1-8.

"Aire", *Galicia,* Vigo, 1924.

"Carta a Fernando Vela", *Verso y prosa,* I, 1927. Reeditada por Gerardo Diego en *Poesía Española,* Signo, 1932, páginas 193-196.

"Fray Luis de León", *Carmen,* 3 y 4, 1928.

Cantar de cantares, edición y prólogo a Fray Luis de León, Signo, Madrid, 1936; Cruz del Sur, Santiago de Chile, 1947; Sígueme, Salamanca, 1980.

"La poesía de Figueroa", *Revista Cubana,* XIV, La Habana, 1940, pp. 100-109.

"La poética de Bécquer", Hispanic Institute in the U.S., Nueva York, 1943; *Revista Hispánica Moderna,* I, 4, 1943.

"Ticknor, defensor de la cultura", *Revista Cubana,* XVII, La Habana, 1943.

"San Juan de la Cruz y la poesía", *Revista de las Indias,* 2.ª época, Bogotá, 1943, pp. 298-312.

"Jardines españoles: Antonio Machado, Pedro Salinas, Dámaso Alonso y Federico García Lorca", *Revista de la Universidad Nacional de Colombia,* 6, 1946, pp. 153-165.

"The poetical life of Fernando de Herrera", *The Boston Public Library Quaterly,* III, 2, 1951, pp. 91-107.

"El Atento" —Pedro Salinas—, *Asomante,* VIII, 2, 1952, páginas 27-31.

"Poeta y profesor" —Pedro Salinas—, *Hispania,* XXXV, 2, 1952, pp. 148-150.

"Profesión y oficio" —Pedro Salinas—, IV, 1952, pp. 5-10.

"Vida y muerte de Alonso Quijano", *Romanische Forschungen,* 64, 1952, pp. 102-103.

"Poesía de Pedro Salinas", *Buenos Aires Literaria,* 13, 1953, pp. 41-54.

"Veinte años después", *Índice de arte y letras,* IX, 1954, páginas 6-10.

P. Salinas, Poemas escogidos, edición de J. G., Buenos Aires, 1953.

"Prólogo" —P. Salinas— a *Confianza. Poemas inéditos,* Aguilar, Madrid, 1955.

"Poesía de Miguel Pizarro", *Papeles de Son Armadans,* VI, 17, 1957, pp. 125-134.

"Federico en persona", Introducción a las *Obras completas* de García Lorca, Aguilar, Madrid, 1957. También en Emecé, Buenos Aires, 1959, y All'Insegna del Pesce d'Oro, Milán, 1960.

Language and Poetry, Harvard University Press, Cambridge, 1961. Versión española: *Lenguaje y poesía*, Revista de Occidente, Madrid, 1962; Alianza Editorial, 1969.

"Palabra, sensación y recuerdo en Gabriel Miró", *Studia philologica*, Homenaje a Dámaso Alonso, Gredos, Madrid, 1961, T. II, pp. 175-193.

"El argumento de la obra", *All'Insegna del Pesce d'Oro*, Milán, 1961; Ocnos, Barcelona, 1969; "El argumento de la obra, Final", en *Poesía*, 17, Madrid, 1983, pp. 33-44; Taurus, Madrid, 1985.

"El estudioso Ticknor", *La Torre*, X, 37, 1962, pp. 19-37.

El gesto, Seijas y G. Editores, Buenos Aires, 1964, p. 44.

"Prólogo a J. G.", *Selección de poemas*, Gredos, Madrid, 1965, pp. 7-19.

"Prólogo" a la 2.ª edición de Pedro Salinas, *Reality and the Poet in Spanish Poetry*, Baltimore, Johns Hopkins Press, 1966, pp. IX-XXX.

"Texto de Jorge Guillén", en *Seis litografías de José Guerrero*, Valladolid, 1967.

"Prólogo", *Necrología de Canseco*, Málaga, 1967, pp. 13-29.

"Pedro Salinas, 1891-1951", *Modern Language Notes*, 82, 2, 1967, pp. 135-148.

"El apócrifo Antonio Machado", *Uberlieferung und Auftrag. Festschrift Michael de Ferdinandy*, 1967, pp. 437-477.

"Federico de Onís", *La Torre*, XVI, 59, Puerto Rico, 1968, pp. 29-35.

"El estímulo surrealista", *Homenaje universitario a Dámaso Alonso*, Gredos, Madrid, 1969, pp. 9-19.

"Prólogo" a *Pedro Salinas: el diálogo creador*, de Alma de Zubizarreta, Gredos, Madrid, 1969, pp. 9-17.

En torno a Gabriel Miró. Breve epistolario, Ediciones de Arte y Bibliofilia, Madrid, 1970.

"Prefazione di J. G.", Góngora y Argote, L.: *Sonetti funebri e altre composizioni*, Ginlio Einaudi Editore, Turín, 1970.

"Prólogo a P. Salinas", *Poesías completas*, Barral, Barcelona, 1971.

"Tres poemas de Salinas", *Ínsula*, 300-301, Madrid, 1971.

"Paul Valéry", *Plural*, 3, México, 1971, pp. 18-20.

"Valéry en el recuerdo", *Ocnos,* Barcelona, 1972, pp. 67-80.

"Una Murcia", en *Homenaje a J. Ballester,* Murcia, 1972, pp. 25-30.

"*Res poetica*", *Papeles de Son Armadans,* CCVIII, 1973.

"Miguel Romero Martínez", en *Homenaje a Miguel Romero Martínez,* Gráficas del Sur, Sevilla, 1973, pp. 24-29.

"Artículos", en *La Generación del 27 desde dentro,* Juan M. Rozas, Ediciones Alcalá, Madrid, 1974.

"Epílogo", a Lasso de la Vega, Marqués de Villanova, Rialp, Madrid, 1975.

"El joven Emilio", *Homenaje a Emilio Gómez Orbaneja,* Editorial Moneda y Crédito, Madrid, 1977.

"La apasionada Matilde", *Homenaje a Mathilde Pómes, Revista de la Universidad Complutense,* XXVI, 108, Madrid, 1977, pp. 139-146.

Una lectura, Maeght éditeur, París, 1977; Introducción a los *Sonetos del amor oscuro* de F. García Lorca, Maeght, Barcelona, 1979.

"Sobre amistad y poesía", Academia Nazionale dei Lincei, II, *Fasc.* 3, Roma, 1978, pp. 67-73; *Ínsula,* 383, Madrid, 1978.

"Hace 25 años" —Pedro Salinas—, *Sin nombre,* IX, 1, 1978, pp. 12-17.

"Prólogo", *Crisis de lo dual. La Rosa y la Amargura por su forma feliz,* de Francisco del Pino, Diputación de Málaga, Málaga, 1986, pp. 15-21.

Guillén on Guillén, The Poetry and the poet, edic. de Reginal Gibbons y A. L. Geist, Princeton University Press, 1979; *El poeta ante su obra,* Hiperión, Madrid, 1980.

"Una polémica becqueriana. Camúñez y Campillo (1895-1896)", *Cuadernos hispanoamericanos,* 351, 1979, pp. 479-485.

"Acto de presencia" —Gabriel Miró—, *Monteagudo,* 65, Murcia, 1979, pp. 5-6.

"Pregón de Ferias y Fiestas de San Mateo", Ayuntamiento de Valladolid, 1979; *El Norte de Castilla,* 16 de septiembre de 1979.

"Juan Rejano", *Litoral,* 91-93, 1980, p. 11.

"En el homenaje a Manuel Azaña", edición de Alberto Serrano y J. M. San Luciano: *Azaña;* Edascal, Madrid, 1980, pp. 65-70.

"Prólogo", *Antonio Machado* de Bernard Sesé, Gredos, Madrid, 1980.

Hacia Cántico, Escritos de los años 20, edición de K. M. Sibbald, Ariel, Barcelona, 1980.

"Cartas desde Málaga", *Homenaje a Ángel Cuadra,* Solar, XIX, Miami, 1981, pp. 163-170.

Los símbolos de la muerte en "Llanto por Ignacio Sánchez Mejías", ediciones de la Casona de Tudanca, Santander, 1982, pp. 15-24.

"Siempre afirmativa su pasión", *El Ciervo,* 375, Barcelona, 1982, p. 23.

"Recuerdos de Roma en el Homenaje a María Zambrano", *Litoral,* 124-126, 1983, pp. 103-104.

"La fascinación de Ortega", *Revista de Occidente,* 24-25, 1983, pp. 157-158.

"Un texto póstumo de Jorge Guillén en el Homenaje a Oreste Macrí", *Ínsula,* 447, febrero 1984, p. 1.

BIBLIOGRAFÍA SELECTA SOBRE EL AUTOR

Abad Nebot, F.: *Estudio crítico, Estudios,* Narcea, Madrid, 1977, pp. 9-54.

——: *"Final* de Jorge Guillén", en *Los géneros literarios y otros estudios de filología,* UNED, Madrid, 1982, pp. 168-171.

——: "Simbolismo y vanguardia de Jorge Guillén", Introducción *Plaza Mayor,* Taurus, Madrid, 1977, pp. 7-28.

Alarcos Llorach, E.: "La lengua de Jorge Guillén: ¿Unidad, evolución?", *Revista de Occidente,* enero 1974, pp. 39-57. *Ensayos y estudios literarios,* Júcar, Madrid, 1976, pp. 157-179.

——: "Maremágnum", en *Pliego crítico,* Suplemento de *Archivium,* IX, Oviedo, 1959, pp. 3-6.

Alberti, Rafael: "El tercer *Cántico* de Jorge Guillén", *Trabajos y días,* III, 9, Salamanca, abril-mayo 1948, pp. 8-9.

Aleixandre, Vicente: "Jorge Guillén en la ciudad", *Los encuentros,* Guadarrama, Madrid, 1958, pp. 67-70.

Alonso, Amado: "Jorge Guillén, poeta esencial", *La Nación,* Buenos Aires, 21 abril 1929; *Insula,* 45, Madrid, 1949; en *Jorge Guillén,* edición-homenaje de Biruté Ciplijauskaité, Taurus, Madrid, 1975.

Alonso, Dámaso: "Los impulsos elementales en la poesía de Jorge Guillén", en *Poetas españoles contemporáneos,* Gredos, Madrid, 1952, pp. 207-243.

——: *Living with the poetry of Jorge Guillén, Luminous reality. The poetry of J. G.,* edición-homenaje de Ivar Ivask y Juan Marichal, University of Oklahoma Press, Norman, 1969.

——: "Pasión elemental en la poesía de Jorge Guillén", *Insula,* 26, febrero de 1948, pp. 1-2.

Altolaguirre, M.: *"Cántico* de Jorge Guillén", en *Suma bibliográfica,* I, 1, 1946, p. 18.

Alvar, Manuel: *Cántico. Teoría literaria y realidad poética,* Real Academia Española, Madrid, 1975.

——: *Visión en claridad. Estudio sobre "Cántico",* Gredos, Madrid, 1976.

Allue Morer, J.: *De Jorge Manrique a Jorge Guillén,* Ángel Caffarena, Málaga, 1971.

Allue Morer, F.: "Jorge Guillén traductor. Sus variaciones sobre temas de Jean Cassou", *Ínsula,* 67, 1951, p. 8.

Amorós Moltó, A.: "Guillén o la metáfora de la resurrección", *La Pluma,* 2.ª época, 7, Madrid, 1981, pp. 23-33.

Ángeles, J.: "El sumo acorde humano en *Cántico", Homenaje a Jorge Guillén,* Wellesley College-Ínsula, 1978, pp. 17-31.

Aranguren, J. L.: "La poesía de Jorge Guillén ante la actual crisis de valores", *Revista de Occidente-homenaje,* 130, Madrid, enero 1974, y en la edición de B. Ciplijauskaité, Taurus, pp. 255-272.

——: "El yo empírico y su identidad y el motivo de Narciso en la poesía de Jorge Guillén", *Homenaje a J. G.,* Wellesley-Ínsula, 1978, pp. 33-38.

Aub, M.: "Apunte de Jorge Guillén con Max Aub al fondo, por éste", *Papeles de Son Armadans,* XLIX, 147, Palma de Mallorca, 1968, pp. 309-314.

——: *Poesía española contemporánea,* Era, México, 1969, pp. 109-110.

Aubrun, Charles V.: *"Cántico* 1928. Objetivamente: singularidad de su invención poética", *Cuadernos Hisp.,* 318, 1976, pp. 495-511.

——: "Poésie et langage", *Europe,* 685, París, mayo 1986, pp. 79-88.

Ávila, P. L.: "Sonreído va el sol", (*Libro-homenaje*), *poesíe e studi offerti a Jorge Guillén,* All'Insegna del Pesce d'Oro, Milán, 1983, 269 pp.

Azorín, "Tres poetas", *La Prensa,* Buenos Aires, 8 septiembre 1930.

——: "La lírica española: época", *ABC,* 17 enero 1929; edición de B. Ciplijauskaité, pp. 107-109.

Barnstone, W.: "The Greeks, San Juan and Guillén", *Luminous reality,* pp. 19-33; edición de B. Ciplijauskaité, pp. 49-60.

——: *Two poets of filicity,* Books Abroad, 1968, pp. 14-19.

Bathes, Margaret: "Notes on a translation of Jorge Guillén's *Primavera delgada*", *Linguistic and literary studies in honor of H. Hatzfeld*, Catholic University Press, Washington, 1964, pp. 61-63.

——: "Guillén's *Advenimiento*", *Explicator*, XXVI, 1-3.

Bergamín, J.: "La poética de Jorge Guillén", *La Gaceta Literaria*, 49, Madrid, 1929; edición de B. Ciplijauskaité, páginas 101-105.

Bernáldez, J. M.: "Jorge Guillén, la poesía como existencia", *Cuadernos Hispa.*, 318, 1976, pp. 626-633.

Bigongiari, Piero: "Times passes", *Luminous reality*, pp. 101-106; edición de B. Ciplijauskaité, Taurus, pp. 379-384.

Blanco, Mercedes: "L'Utopie de l'instant absolu dans *Cántico* de Guillén", en *Le discours poétique de Jorge Guillén*, Presses Universitaires de Bordeaux, 1985, pp. 67-86.

Blanch, A.: "Paul Valéry y la poesía pura española: Jorge Guillén y Paul Valéry", *La poesía pura española*, Gredos, Madrid, 1976, pp. 280-303.

Blecua, J. M.: *Jorge Guillén*, "*Cántico*" (Introducción), Universidad de Zaragoza, 1936.

——: "El tiempo en la poesía de Jorge Guillén", *Insula*, 26, febrero 1948; edición de B. Ciplijauskaité, pp. 183-188.

——: "En torno a *Cántico* de Jorge Guillén" —J. M. Blecua y Ricardo Gullón—, "La poesía de Jorge Guillén, dos ensayos", *Heraldo de Aragón*, Zaragoza, 1949, pp. 145-315.

Bobes Naves, M.ª C.: *Gramática de "Cántico"*, Planeta, Barcelona, 1976.

——: "Procedimientos de unificación en *Muerte a lo lejos*", *Insula*, 1978, pp. 59-72

——: "Significado y sentido en la lírica de Jorge Guillén", *Anales de Literatura Española*, Universidad de Alicante, 3, 1984.

Bonhomme, P.: "Les sonnets de *Cántico*: formes et significations", en *Le discours poétique de Jorge Guillén*, Presses Universitaires de Bordeaux, 1985, pp. 117-131.

Bousoño, C.: "Poesía contemporánea y poesía postcontemporánea", *Papeles de Son Armadans*, XXXIV, Palma de Mallorca, 1964, pp. 121-184; *Teoría de la expresión poética*, Gredos, Madrid, 1952, pp. 158-159.

——: "Tiempo pasado sobre tiempo presente", en Guillén, Aleixandre y Dámaso Alonso, en *Teoría de la expresión poética*, pp. 209-216.

Caballero Bonald: "Jorge Guillén: una lectura, un conocimiento", *La Pluma*, 2.ª época, 7, Madrid, 1981, pp. 84-89.

Cabrera, V.: *Tres poetas a la luz de la metáfora: Salinas, Aleixandre y Guillén*, Gredos, Madrid, 1975.

Cano, J. L.: *La poesía de la Generación del 27*, Guadarrama, Madrid, 1970: "El tema del amor en *Cántico*", pp. 68-72; "El cuarto *Cántico*", pp. 73-78; "El nuevo humanismo poético de J. G.", pp. 79-91; edición ampliada en Labor, Barcelona, 1986.

——: "La muerte en la poesía de Jorge Guillén", en *Publicaciones Arte y Cultura*, Plaza del Carmen, Vélez-Málaga, 1979, pp. 26-35.

Cansinos-Assens, R.: "Crítica literaria, *Cántico*", *La Libertad*, febrero 1929.

Caro Romero, J.: *Jorge Guillén* (Biografía), Epesa, Madrid, 1973.

Casalduero, L.: *Cántico de Jorge Guillén y Aire nuestro*, Gredos, Madrid, 1974.

——: "Exaltación del ser", en *Estudios de Literatura Española*, Gredos, Madrid, 1967, pp. 345-350.

——: "El poeta y la guerra civil", *Hispanic Review*, 39, 1977, pp. 133-140.

Cassou, J.: "A half-century of Friendship", *Luminous reality*, pp. 186-191.

——: "Le lyrisme ontologique de Jorge Guillén", *Cahiers du Sud*, XXXVIII, 320, Marsella, 1953.

——: "Adresse", en *Ferveur pour Jorge Guillén*, Librairie Espagnole, París, 1984, pp. 13-15.

Castellet, J. M.ª: *Veinte años de poesía española* (1939-1959), Barcelona, 1962.

Castro, Américo: "*Cántico* de Jorge Guillén", *Ínsula*, I, 1, Madrid, 1943.

——: "Guillén, J.", en *Columbia Dictionary of Modern European Literature*, Columbia University Press, 1947.

Cernuda, L.: "Diálogo ejemplar: El crítico, el amigo y el poeta" (1948), *Poesía y Literatura*, I, Seix Barral, Barcelona, 1960, pp. 205-229.

——: "Salinas y Guillén", *Estudios sobre poesía española contemporánea*, Guadarrama, Madrid, 1975, pp. 154-160.

Ciplijauskaité, B.: *La soledad y la poesía española contemporánea*, Ínsula, Madrid, 1962, pp. 155-185.

——: *"Clamor,* A la altura de las circunstancias", *Revista Hispánica Moderna,* XXIX, 3-4, Nueva York, 1963.

——: *Jorge Guillén* (Homenaje), Taurus, Madrid, 1975.

——: "Tensión adverbial aún-ya en la perfección del círculo guilleniano", *Homenaje a J. G.,* Wellesley College-Ínsula, 1978, pp. 103-120.

Cirre, J. F.: *Forma y espíritu de una lírica española,* Gráfica Panamericana, México, 1950, pp. 48-55.

Combet, I.: *"Maremágnum* ou l'inquiétude. L'engagement historique-social chez Jorge Guillén et la jeune poésie espagnole", *Les Langues Néo-latines,* LV, 158, París, 1961, pp. 25-46.

Cossío, F. de: "Ensayos. Las nuevas generaciones literarias", *El Norte de Castilla,* Valladolid, 9 diciembre 1925.

——: "Cada día. Hablando con un poeta", en *Madrid,* Madrid, 17 octubre 1951.

Costa, L.: "De la *Divina Comedia* a *Clamor*: afinidad y divergencia", *Homenaje a Jorge Guillén,* Wellesley College-Ínsula, Madrid, 1978, pp. 143-163.

Couffon, C.: *Dos encuentros con Jorge Guillén,* Centre de Recherches de l'Institut d'Études Hispaniques, París, 1963.

——: "Jorge Guillén et la France", *Ferveur pour Jorge Guillén,* Librairie Espagnole, París, 1984, pp. 19-24; y en *Europe,* 685, pp. 96-98.

Couland-Maganuco, A.-M.ª: *Preliminar a Jorge Guillén. Poesía amorosa,* Cupsa, Madrid, 1978, pp. 7-57.

——: "La problematique du temps dans *Aire nuestro* de Jorge Guillén", en *Homenaje a Jorge Guillén,* Wellesley-Ínsula, Madrid, 1978, pp. 165-183.

——: "L'espérience temporalle e son expression dans *Aire nuestro,* V: *Final* de Jorge Guillén", en *Le discours poétique de Jorge Guillén,* Presses Universitaires de Bordeaux, 1985, pp. 217-239.

——: "Presence de Jorge Guillén", en *Europe,* 685, 1986, pp. 27-32.

Curtius, E. R.: "Jorge Guillén", en *Neue Schweizer Rundscau,* 1951, pp. 309-319. Versión española en *Ínsula,* 73, enero 1952; en *Ensayos críticos sobre literatura europea,* Seix Barral, Barcelona, 1959, V, II, pp. 283-289; en la edición de B. Ciplijauskaité, pp. 207-214.

Chacel, R.: "Reminiscencias", en *Guía de vacaciones para jóvenes*, Junta de Castilla y León-Ayuntamiento de Valladolid, 1986, pp. 246-250.

Chiarini, G.: "La crítica letteraria di Jorge Guillén", *Paragone*, 15, Florencia, 1964, pp. 111-118; edición de B. Ciplijauskaité, pp. 169-179.

Darmangeat, P.: *Jorge Guillén ou Le Cantique émerveillé*, Librairie des Editions Espagnoles, París, 1958.

——: "De *Cántico* a *Clamor* ou la continuité d'un poéte", *Mélanges à la Mémoire de Jean Sarrailh*, Centre de Recherches de l'Institut d'Études Hispaniques, París, 1966, pp. 291-298.

——: "Jorge Guillén ante el tiempo de historia", en *Revista de Occidente* (Homenaje), 1974, pp. 58-77.

——: "La perception du temps", en *Europe*, 685, mayo 1986, pp. 52-68.

Debicki, A. P.: *Estudios sobre poesía española contemporánea*, Gredos, Madrid, 1968, pp. 111-134 y 135-149.

——: "La poesía de amor de Jorge Guillén", *Revista de Bellas Artes*, 32, México, 1970, pp. 13-24.

——: "Esquemas formales y significación íntima de *Cántico*", *Hispania*, V, 55, 3, 1972, pp. 471-479.

——: *La poesía de Jorge Guillén*, Gredos, Madrid, 1973.

Dehennin, Elsa: *"Cántico" de Jorge Guillén. Une poésie de la Clarté*, Presses Universitaires de Bruxelles, Bruselas, 1969.

——: "Des mots-clés aux configurations stylistiques", *Homenaje a Jorge Guillén*, Wellesley College-Ínsula, 1978, pp. 185-210.

Díaz de Castro, Francisco J.: "Estructura y sentido de *Final* de Jorge Guillén", Cahiers d'études romanes, 10, Université de Provence, 1985, pp. 139-177.

——: "Aproximación a la poética de Jorge Guillén", en *Jorge Guillén, Premio Miguel de Cervantes 1976*, Anthropos, Barcelona, 1987, pp. 69-88.

Díaz-Rozzotto, J.: "Premisas líricas de Jorge Guillén", en *Le discurs poétique de Jorge Guillén*, Presses Universitaires de Bordeaux, 1985, pp. 13-26.

Diego, Gerardo: "Diedro de Jorge Guillén", *Escorial*, XX, junio 1949, pp. 981-986.

Díez-Canedo, E.: "Los poetas jóvenes de España", *La Nación*, Buenos Aires, 5 octubre 1924.

Díez Crespo, M.: "Plenitud del ser. Cifra de Guillén en la poesía española", *Arenal de Sevilla*, 1, Sevilla, 1939, páginas 12-19.

Díez de Revenga, F. J.: *La métrica de los poetas del 27*, Departamento de Literatura Española, Universidad de Murcia, 1973.

Domenchina, J. J.: "Lecturas. La poesía de Jorge Guillén", *El Sol*, Madrid, 2 julio 1933.

Dubuis, Michel: "Index alphabétique des titres des poèmes de *Cántico*", en *Le discours poétique de Jorge Guillén*, Presses Universitaires de Bordeaux, 1985, pp. 69-78.

Durán, M.: "Una constante en la poesía de Jorge Guillén: el aire, el aire luminoso y respirable", en *Homenaje a Jorge Guillén*, Wellesley College-Ínsula, 1978, pp. 223-233.

——: "La influencia del exilio en la obra de Pedro Salinas y de Jorge Guillén", *Ínsula*, 470-471, enero-febrero 1986, pp. 1-6.

——: "L' espace et le temps dans deux poèmes de Cantique", en *Europe*, 685, París, mayo 1986.

Esteban, C.: "Célébrations de la Clarté", prólogo a una selección de poemas de *Cántico* traducidos al francés, Gallimard, París, 1977.

——: "Nature vive", *Homenaje*, Wellesley-Ínsula, 1978, páginas 235-252.

——: "Jorge Guillén et Paul Valéry", en *Ferveur pour Jorge Guillén*, Librairie Espagnole, París, 1984, pp. 57-62.

Ferraté, J.: "El altavoz de Jorge Guillén", en *Teoría del poema*, Seix Barral, Barcelona, 1957, pp. 128-134.

Florit, E.: "Notas sobre la poesía de Jorge Guillén", en *RHM*, XII, 3-4, Nueva York, julio-octubre 1946, pp. 267-271.

Friedrich, Hugo: *La estructura de la lírica moderna*, Seix Barral, Barcelona, 1959, pp. 289-291.

Frutos, E.: "The circle and its rupture in the poetry of Jorge Guillén", en *Luminous reality*, pp. 75-81.

——: "El existencialismo jubiloso de Jorge Guillén", *Cuadernos Hisp.*, 18, Madrid, noviembre-diciembre 1950; edición de B. Ciplijauskaité, pp. 189-206.

——: *Creación poética* (Jorge Guillén, Salinas, Antonio Machado, Dámaso Alonso, San Juan de la Cruz), José Porrúa Turanzas, Madrid, 1976.

Gaos, V.: "Tiempo y tiempos en Jorge Manrique y Jorge Guillén", *Claves de literatura española*, Guadarrama, II, Madrid, 1971, pp. 261-289.

——: *Antología del grupo poético de 1927*, Cátedra, Madrid, 1980, pp. 32-34.

García Berrio, A.: *La construcción imaginaria en "Cántico" de Jorge Guillén*, Trames, Limoges, 1985.

Garciasol, R. de: "Jorge Guillén. A la altura de las circunstancias", *La Torre*, XI, 44, Puerto Rico, 1963, pp. 186-188.

García Velasco, A.: "Ars vivendi de Jorge Guillén", *La Pluma*, 2.ª época, 7, Madrid, 1981, pp. 62-83.

Gibbons, R., y Geist, A. L.: *Guillén on Guillén, the poetry and the poet* (traducción), Princeton University Press, 1971; *El poeta ante su obra*, Hiperión, Madrid, 1980.

Gil, I. M.: "Lejanías y proximidades de Jorge Guillén", *Cuadernos Hisp.*, 318, diciembre 1976, pp. 565-581.

Gilman, S.: "El hondo sueño de Jorge Guillén", en *SN*, San Juan de Puerto Rico, octubre-diciembre 1978, pp. 12-17 y 60-67.

Gil de Biedma, J.: *"Cántico". El mundo y la poesía de Jorge Guillén*, Seix Barral, Barcelona, 1960; *El pie de la letra*, ensayos 1955-1979, Crítica, Barcelona, 1980, pp. 77-191.

Gómez Yebra, A. A.: "Los nombres propios en *Final* de Jorge Guillén", *Analecta Malacitana*, VII, 2, Universidad de Málaga, 1984, pp. 249-265.

——: *Jorge Guillén para niños*, Ediciones de la Torre, Madrid, 1984.

——: "Análisis de la bibliografía guilleniana", en *Jorge Guillén, Premio Miguel de Cervantes 1976*, Anthropos, Barcelona, 1987, pp. 90-124.

——: *Estudio métrico de Final de Jorge Guillén*, Málaga, 1988, 78 páginas.

González Muela, J.: "Sobre *Cántico* de Jorge Guillén", *Bulletin of Hispanic Studies*, XXXII, 2, Liverpool, 1955, páginas 73-80.

——: "La realidad y Jorge Guillén", *Ínsula*, 1962, edición de B. Ciplijauskaité, pp. 275-295.

——: "Sail before the Wind (*Aire nuestro*)", *Luminous reality*, pp. 82-89.

Guerrero Martín, J.: *Jorge Guillén y sus raíces (Recuerdos al paso)*, Miñón, Valladolid, 1982.

Gullón, R.: "La poesía de Jorge Guillén", en *La poesía de*

Jorge Guillén, de Blecua y Gullón, Zaragoza, 1949, pp. 13-140.

———: "Jorge Guillén esencial y existencial", *Insula*, 205, diciembre 1963, pp. 1 y 12.

———: "Homenaje con variaciones", *Insula*, XXIII, 262, 1968; también en *Luminous reality*, pp. 107-123.

Harris, D.: "Cartas de Luis Cernuda a Jorge Guillén", *Insula*, 324, 1973, pp. 1, 3, 4. Sobre el mismo tema: *Insula*, 338, enero 1975, pp. 21-22.

Hernández, M.: *La aflicción de la esfera, Convivencia*, Turner-Trece de Nieve, Madrid, 1975, pp. 9-13.

Hidalgo, V.: "Jorge Guillén unido a su origen", *Archivo Hispalense*, LVII, 174, Sevilla, 1974, pp. 85-93.

Ivask, I.: "Jorge Guillén", en *Encyclopedia of World Literature in the 20th. Century*, Nueva York, 1969, V, II, páginas 68-71.

———: *Poesía integral en una era de desintegración*, edición de B. Ciplijauskaité, pp. 31-46.

———: "Gran âge, vous voici: some remarks on the theme of old âge in Jorge Guillén's poetry", *Homenaje*, Wellesley-Insula, 1978, pp. 277-283.

———: Otros artículos en *Books Abroad*, números: 34, 1, p. 25; 34, 1, pp. 63-64; 36, 2, pp. 208-209; 36, 3, pp. 300-301; 38, 3, p. 296; 41, 1, p. 78; 42, 1, pp. 7-12; 42, 4, p. 558; 43, 2, p. 236.

Jiménez, Juan R.: *Estética y ética estética*, Aguilar, Madrid, 1967, pp. 63-64.

———: "J. G. (1928)", en *Españoles en tres mundos*, Buenos Aires, 1942, pp. 104-106; Aguilar, Madrid, 1969, pp. 163-165.

Lapesa, R.: "El sustantivo esencial en la poesía de Jorge Guillén", *Homenaje*, Wellesley-Insula, 1978, pp. 303-314.

Lázaro Carreter, F.: "Una décima de Jorge Guillén", *Homenaje*, Wellesley-Insula, 1978, pp. 315-326.

———: "Datos sobre la poética de Jorge Guillén", en *Homenaje a Emilio Alarcos*, I, Universidad de Oviedo, 1977, pp. 389-396.

López Estrada, F.: "Literatura actual. Dos resonancias del último *Cántico* de Guillén", en *A. Universidad Hispalense*, XI, 1, Sevilla, 1950, pp. 63-71.

Lorenzo-Rivero, L.: "Afinidades poéticas de Jorge Guillén con

Fray Luis de León", *Cuadernos Hisp.*, 230, febrero 1969, pp. 421-436; edición de B. Ciplijauskaité, pp. 61-78.

——: "Sincronismo de un místico y un profano, San Juan y Jorge Guillén", *Hispania*, L, 2, mayo 1967, pp. 366-370.

Llorens, V.: "Jorge Guillén desde la emigración (en torno a Homenaje)", *Revista de Occidente (Homenaje)*, 1974, 130, pp. 78-97.

Mac Leish, Archibald: "Jorge Guillén: A poet of this time", *Atlantic Monthly*, CCVII, 1, 1961, pp. 127-129.

Macrí, O.: *La obra poética de Jorge Guillén*, Ariel, Barcelona, 1976.

——: "Estudio sobre *Homenaje* de Jorge Guillén", en *Homenaje a Casalduero*, Gredos, Madrid, 1972, pp. 341-362 y 407-444.

——: "Introducción al primer *Cántico* de Jorge Guillén", *Studia Hispanica in Honorem Rafael Lapesa*, Gredos, Madrid, 1975, III, pp. 317-336.

——: "*Y otros poemas*: el componente elemental", *Nueva Revista Hispánica Moderna*, XXIV, 2, Colegio de México, 1975, pp. 481-503.

Machado, Antonio: "Encuesta a los Directores Culturales de España: ¿cómo ve la nueva juventud española?", *La Gaceta Literaria*, 53, Madrid, 1 marzo 1929.

Madariaga, S.: "Jorge Guillén", en *Luminous reality*, pp. 192-194.

Mantero, M.: "El humor en la poesía última de Jorge Guillén", *PSA*, LXXXI, 1976, pp. 223-260.

Marcilli, Charles: "Guillén lecteur de Cervantes", en *Europe*, 685, mayo 1986, pp. 89-92.

Marías, J.: "Jorge Guillén", en *Diccionario de literatura española*, Revista de Occidente, Madrid, 1949.

Marichal, J.: "Historia y poesía en Jorge Guillén", en *Luminous reality*, pp. XXI-XXVI; edición de B. Ciplijauskaité, pp. 23-29.

Martínez Torrón, D.: estudio, edición y notas de *El argumento de la obra*, Taurus, Madrid, 1985.

Menaca, M.ª de: "De l'architecture musicale de *Cántico*", en *Le discourse poétique de Jorge Guillén*, Presses Universitaires de Bordeaux, 1985, pp. 27-45.

Meneses, C., y Carretero, S.: *Jorge Guillén* (introducción antología), Júcar, Gijón, 1981.

Montero, J.: "La primera estrofa de *Cántico*", *Le discours poétique de Jorge Guillén*, P. U. Bordeaux, 1985, pp. 147-166.

Morello-Frosch: "Salinas y Guillén: dos formas de esencialidad", en *Revista Hispánica Moderna*, XXVII, 1, Nueva York, 1961, pp. 16-22.

Moreno Villa, J.: "Guillén visto y leído", *El Nacional*, México, 22 julio 1951.

Morris C., Brian: "Guillén's essential city", *Homenaje*, Wellesley-Ínsula, p. 9.

——: "Jorge Guillén poète castillan", *Europe*, 685, mayo 1986, pp. 43-52.

Navarro Tomás, T.: "Maestría de Jorge Guillén", en *Los poetas en sus versos: desde Jorge Manrique a García Lorca*, Ariel, Barcelona, 1973, pp. 347-354; edición B. Ciplijauskaité, pp. 337-342.

Palley, Julian: "The metaphors of Jorge Guillén", *Hispania*, XXXVI, 3, Wallingford, agosto 1953, pp. 321-324.

——: *Affirmation* (Translated, notes bilingual anthology), University of Oklahoma Press, Norman, 1968.

——: "Jorge Guillén and the poetry of commitment", *Hispania*, XLV, 4, diciembre 1962, pp. 686-691; edición B. Ciplijauskaité, pp. 141-152.

Paoly, R.: "Jorge Guillén ante Italia", *Revista de Occidente*, 130, pp. 98-116.

Paz, Octavio: *Horas situadas de Jorge Guillén*, Seix Barral, Barcelona, 1972, pp. 64-71; edición de B. Ciplijauskaité, pp. 243-254.

——: "El más allá de Jorge Guillén", *In mediaciones*, Seix Barral, Barcelona, 1979, pp. 71-96.

Picard, H. R.: "Ser y conciencia óntica en el poema «Más allá» de Jorge Guillén", *Convivium*, III, 35, 1971, pp. 25-44.

Piedra, A.: "Más allá del soliloquio", *Poesía*, Ministerio de Cultura, 17, Madrid, 1983, pp. 7-28.

——: *Jorge Guillén*, Colección Villalar, Junta de Castilla y León, Valladolid, 1986.

Pinna, M.: "Jorge Guillén", *Belfagor*, 5, Florencia, 1959, páginas 572-602.

——: "Lettura dell'opera *Y otros poemas* di Jorge Guillén", *Homenaje*, Wellesley-Ínsula, pp. 369-385.

Pino, F. del: "*Final* y la teoría lingüística de Jorge Guillén", *Cuadernos Hisp.*, 369, marzo 1981, pp. 521-528.

————: "La vida como fuente o la vida en la obra de Jorge Guillén", *Camp de l'arpa,* septiembre 1981, pp. 6-11.

Polo de Bernabé, J. M.: *Conciencia y lenguaje en la obra de Jorge Guillén,* Editora Nacional, Madrid, 1978.

————: "Jorge Guillén: la historia y la circularidad de la obra", *Homenaje,* Wellesley-Ínsula, pp. 387-395.

————: "Jorge Guillén: el poema como proceso de significación", *Expl. TL.,* VI, 2, 1978, pp. 194-204.

Poulet, G.: *Les métamorphoses du cercle,* Plon, París, 1961; edición de B. Ciplijauskaité, pp. 241-245.

Prat, I.: *"Aire nuestro" de Jorge Guillén,* Planeta, Barcelona, 1974.

————: "Estructura de *Y otros poemas* de Jorge Guillén", *Prohemio,* VI, Barcelona, 1975, pp. 237-256.

————: *Noticia bio-bibliográfica en Jorge Guillén: "Cántico" 1928,* Anthropos, Barcelona, 1978.

————: *Estudios sobre poesía contemporánea,* Taurus, Madrid, 1983.

Puccini, D.: "A propósito d'un campo metaforico nel *Cántico",* en *Homenaje,* Wellesley-Ínsula, pp. 417-433.

Ramond, M.: "Le Jardin des délices", *Le discours poètique de Jorge Guillén",* Presses U. de Bordeaux, 1985, pp. 87-101.

Rejano, J.: "Cuadernillo de señales. Fin de un siglo poético", *El Nacional,* México, 1 julio 1951.

Rodríguez, I.: "Génesis y metáfora en la estructura del poemario *Más allá* de Jorge Guillén", *Cuadernos Hisp.,* 318, diciembre 1976, pp. 606-625.

Romero Márquez, A.: "El *Final* del *Cántico* (un cántico sin final)", *Cuenta y Razón,* 9, enero-febrero 1983, pp. 79-102.

————: "Por un Guillén total", *Ínsula,* 435-436, 1983, p. 9.

Rozas, J. M.: "Que sean tres los libros e uno el dictado", en *Homenaje Universitario a Dámaso Alonso,* Gredos, Madrid, 1970, pp. 207-220.

Ruiz de Conde, J.: *El "Cántico" americano de Jorge Guillén,* Turner, Madrid, 1973.

————: "El mito edénico en *Tiempo libre* de Jorge Guillén", en *Papeles de Son Armadans,* CCXIV, Palma de Mallorca, enero 1974, pp. 49-65.

Salinas, P.: "El *Cántico* de Jorge Guillén", *La realidad y el poeta,* Ariel, Barcelona, 1976, pp. 203-210.

——: "Un poeta y un crítico; *Cántico* de Jorge Guillén, por Casalduero", *Orígenes*, La Habana, 1947, pp. 7-15; Alianza Editorial, 1972.

——: "El romance y Jorge Guillén", en *El romanticismo y el siglo XX*, Libraire des Editions Espagnoles, París, 1955; edición de B. Ciplijauskaité, pp. 333-336.

Sese, B.: "*Aire nuestro*: La dictée de l'évolution", en *Le discours poétique de Jorge Guillén*, Presses U. de Bordeaux, 1985, pp. 241-260.

Sibbald, K. M.: "Jorge Guillén: portrait of the critic as a youngman", en *Homenaje*, Wellesley-Insula, pp. 435-453.

——: "Prólogo", de *Hacia "Cántico"*, Ariel, Barcelona, 1980.

Silver, Ph.: "Jorge Guillén, amigo de mirar", Introducción a *Mientras el Aire es nuestro*, Cátedra, Madrid, 1978.

Sobejano, G.: *El epíteto en la poesía española*, Gredos, Madrid, 1956, pp. 441-458.

Sugden, A. M.ª, y Otero, N.: "Itinerario filosófico de la poesía de Jorge Guillén", *Cuadernos del Sur*, núm. 1, Universidad Nacional del Sur, Bahía Blanca, 1972, pp. 241-259.

Torre, G. de: "La poesía de Jorge Guillén: *Cántico*, nuevamente entonado", *El Sol*, Madrid, 23 febrero 1936.

——: "La nueva poesía clamorosa de Jorge Guillén (1958)", en *El fiel de la balanza*, Taurus, Madrid, 1961, pp. 211-220.

Uceda, J.: "Aproximaciones a la poesía dc Jorge Guillén", en *Jorge Guillén: La expresión*, Sociedad de Cultura Valle-Inclán, La Coruña, 1981.

Valverde, J. M.ª: "Plenitud crítica de la poesía de Jorge Guillén", *Clavileño*, I, 4, 1950; en *Estudios sobre la palabra poética*, Rialp, Madrid, 1958, pp. 161-186; edición de B. Ciplijauskaité, pp. 215-230.

Verhesen, F.: "The clarity in action", *Luminous reality*, páginas 93-98.

Vigee, C.: *Jorge Guillén y la tradición simbólica francesa*, edición de B. Ciplijauskaité, pp. 79-92.

Vivanco, L. F.: "Jorge Guillén poeta del tiempo", *Introducción a la poesía española contemporánea*, Guadarrama, Madrid, 1957, pp. 75-104.

Weber, R. J.: "De *Cántico* a *Clamor*", *Revista Hispa. Moderna*, XXIX, 2, Nueva York, 1963, pp. 109-119.

Wilson, E. M.: "Guillén y Quevedo sobre la muerte", *Entre las jarchas y Cernuda*, Ariel, Barcelona, 1977, pp. 299-309.

Xirau, R.: "Lectura a *Cántico*", *Cuadernos Americanos*, XXI, CXXI, México, 1962; edición de B. Ciplijauskaité, pp. 129-140.

Yudin, F. L.: *The vibrant silence in Jorge Guillén's "Aire nuestro"*, Chapel Hill, H. N. C., Department of Romance Languages, 1974.

Zardoya, C.: "*Clamor*: stylistic peculiarities", *Luminous reality*, pp. 145-178.

——: *Poesía española del 98 y del 27*, Gredos, Madrid, 1968, pp. 209-254.

——: *Poesía española del siglo XX*, II, Gredos, Madrid, 1974, pp. 149-167.

——: "The poetry of Jorge Guillén", *Luminous reality*, páginas 145-178.

Zimmermann, M.ª-C.: "La réinvention des rites dans *Cántico*", *Le discours poètique de Jorge Guillén*, Presses U. Bordeaux, 1985, pp. 47-66.

Zubiría, R. de: "Presencia de Jorge Guillén", *Eco*, III, 6, Bogotá, 1961, pp. 543-553.

Zuleta, E. de: *Cinco poetas españoles (Salinas, Guillén, Lorca, Alberti, Cernuda)*, Gredos, Madrid, 1971, pp. 108-167.

——: *La esencial continuidad del "Cántico". Perspectiva actual de la obra de Jorge Guillén*, Universidad de Santa Fe, 1961, pp. 67-105.

——: "Poesía y realidad. *Y otros poemas*", *Homenaje*, Wellesley-Ínsula, pp. 455-478.

——: "Jorge Guillén. Notas para una filosofía de la búsqueda", *Nueva Etapa*, 17, Madrid, 1959, pp. 21-28.

ABREVIATURAS

O: Texto original.
B: Edición Barral.
CB: Correcciones manuscritas a la edición Barral.
NP: Manuscrito de nuevos poemas.
V: Edición de Valladolid.
EC: Ejemplares corregidos.

NOTA PREVIA

L A edición definitiva de *Final*, que ahora aparece en Castalia, fue perfilada por Jorge Guillén durante los dos últimos años de su vida. Durante ese tiempo, corrigió la primera edición —publicada por Barral en 1981— y aumentó, muy ligeramente, el número de poemas. Sin modificaciones de estructura —a excepción del Epílogo que como tal desaparece—, el poeta seleccionó y clasificó, en su mayor parte, la nueva producción. Determinados poemas de última hora, que no llegó a integrar en el conjunto, han sido recopilados y clasificados por Claudio Guillén y por mí, siguiendo una lógica de composición y de temática características de *Final,* y con destino *simultáneo* para la poesía completa editada por el *Centro de Creación y Estudios Jorge Guillén* de Valladolid y para la presente edición.

El texto original, la edición Barral, las correcciones manuscritas a la edición Barral, el manuscrito de los nuevos poemas, la edición de Valladolid, más una serie de ejemplares corregidos por Guillén —cito los más importantes de Rafael León, Antonio Gómez Yebra, Francisco Giner de los Ríos, Ángel Caffarena, Bernabé Fernández-Canivell y los concordantes de José Manuel Blecua y Manuel Alvar, etcétera—, han constituido las fuentes de la presente edición.

En las anotaciones a la obra se consignan, únicamente, las variantes y novedades que se aportan a esta edición definitiva de *Final*. El Índice, excepcionalmente, conserva la estructura original, porque su conjunto define la unidad arquitectónica de la obra y porque, a su vez, se dispone como un largo poema relacionante. Se respetan, también, las iniciales mayúsculas en cada verso como peculiaridad guilleniana.

Mi agradecimiento expreso a la familia Guillén —Claudio, Teresa e Irene— por haberme proporcionado —cordial y generosamente— todo cuanto he necesitado en éste y en otros trabajos relacionados con la obra guilleniana. También mi reconocimiento a la memoria de Stephen Gilman que, amistosamente, alentó esta misma iniciativa.

A. P.

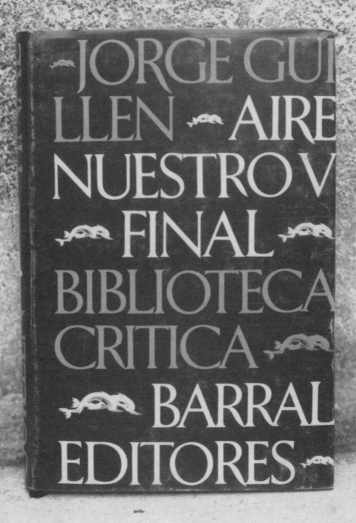

Cubierta de la primera edición de *Final*. Barcelona, 1981.

1973-1983 [1]

Mas cuando un hombre de sí mismo siente
Que sabe alguna cosa y que podría
Comenzar a escribir más cuerdamente,
Ya se acaba la edad...

LOPE, La Filomena, "Epístola nona", 55-58

[1] *B* fijaba las fechas de composición de *Final* entre 1973 y 1981;
V prolonga la fecha hasta 1983, año en el que Guillén da por con-
cluida la configuración de *Final*.

AL LECTOR SUPERVIVIENTE

Tanto compás, tanta copla
Me llevan burla burlando
Por un camino de vida
Que obedece a un solo mando:
Nuestra mismísima gana   5
De bien respirar. No es vana.

A Gerardo

"Finale" en italiano insinuaría
Nuestro deseo implícito de música:
Una armonía interna a este conjunto,
            "Aire Nuestro",   5
Con su composición, que desde dentro
Reajuste en imágenes las múltiples
Discordancias de un orden.
                        Es posible,
Si el director-lector lo pretendiese,
Decir daccapo!   10
Lectura abierta a novedades.

1
DENTRO DEL MUNDO

1

¿Hubo un primer segundo, nació el tiempo
De la naciente Creación enorme,
Estalló en un segundo una materia?

¿Esa materia natural del orbe
Se habrá bastado lúcida a sí propia,   5
Siempre según novel iniciativa?

¿Ímpetu irracional se arroja armónico?
¿Cómo se pasa del azar a ciegas
Al postrer desenlace matemático?

¿Estalló de repente desde el Cero?   10
¿Desde qué, desde quién?
                              —Yo sé.
                                        —Yo no.
¿Hasta dónde se llega con un Yo?

2

Esa lenta paciencia de la Naturaleza
Se reproduce. Dura la soledad triunfante,
Entregada a sí misma. Soledad creadora.
Soledad —y misterio.

3

La variedad prodigiosa
De la flora y de la fauna
Va aludiendo a ese misterio
De una Creación fantástica:
Trabajo imaginativo   5
De Alguien con mucha maña,
De Nadie con invención
Absurda pero atinada.
¿Cómo sucedió?
                        Quién sabe,
Quién entiende esta maraña...   10

4

La noche va acortándose por lenta
Madrugada. Los ojos soñolientos
Recuerdan, adivinan, se figuran
Un sol puntual.
Yo reconozco habitación, mi espacio.   5
¿Qué hora será? Mi tiempo me hace falta.
Soy ya interior a un mundo que es mi mundo
Del todo necesario.
Respiro inserto en una compañía.
Yo, terrenal.
                De acuerdo.   10

5

Inmediato contacto con presencias,
En solidaridad
Con esos trozos reales, esos hombres.
¿Y si prorrumpe el drama? Sea el drama.
Firme varón no pierde   5
Su impulso generoso,
Este arranque instintivo.

6

Mortal soy de minúscula morada,
Hombre libre —si puedo— al fin humano.
La gran Naturaleza me contiene,
Dentro, muy dentro a gusto,
Para mí ya bastante y con sentido.   5

¿Qué sentido? Muy ardua tentativa
Que habremos de inventar a nuestro paso
Por la Tierra. Será gran aventura,
Destinada a su círculo terrestre.

7

La fugaz historia humana
Vale entre dos absolutos.
El resto: magín y gana.

Valor positivo: vida.
Valor negativo: muerte.   5
¿Más ambición desmedida?

8

No es mediocre el planeta en que he nacido.
     No soy el desvalido
Ni, peor, el homúnculo soberbio,
     Sólo exquisito nervio,
Que remontado a una ilusoria altura   5
Fracasa en la magnífica aventura.

9

Estupendo este viaje
Que va desde el impulso hasta la meta.
Mucha vida nos reta.

Que el esfuerzo mortal jamás relaje
Su afán de posesión si está a la vista   5
Lo que ya Es.
                    Conquisto. Me conquista.

2
EN LA VIDA

I

Entrañable tarea para el hombre:
Descubrir el sentido de la vida
Con ayuda de sabios y profetas.
Que cada ser encuentre su esperanza
Si el vivir es vital profundamente.

LOS CUATRO ELEMENTOS

Para Anita

Los hombres —pobres hombres—
Mantienen convivencia necesaria
Con ese alrededor que los sostiene:
La tierra más el agua, fuego y aire.

Esa nutricia tierra   5
Que a todo sin cesar le da su hondura.
El agua de los mares, de los ríos,
De creaciones líquidas.

Los fuegos y sus llamas nos alumbran,
Caldean y destruyen.   10
Oh luz con sus penumbras y sus sombras
De una puntualidad bien dirigida.

En una relación siempre inmediata,
El aire: brisa, viento, vendaval.
Brisa, deleite, viento acosador   15
Y ya enemigo.

Ahí está la natura prodigiosa,
Algo como una madre, como un padre.
Sin ellos no hay presente ni futuro.
¿Y arriba a gran altura el primer Móvil?   20

HORAS MARINAS

1

Luna de noche en esta madrugada.
Ya gris, ya clara da como un sonido,
Apenas separado del silencio.
Una voz inminente casi dice
Pausa, tregua, concordia —frágil— gracias   5
Al enfoque discreto de la luna.

2

Cielos de amanecer en esta orilla,
Colores no, matices, transiciones
Intensamente delicadas.
                              Goza
La vista deslizándose del malva
Con lentitud —minutos— al rosado,   5
Próximo el violeta. Ya eludiendo
—Sordina— los posibles esplendores,
Se mueve amoratándose.
                              Muy plano,
El mar acoge luz, más luz. Se alarga
. Como horizonte fuerte el amarillo.   10
Un sol, oblongo casi, ya es esférico
Centro y sube. Todo es más simple. Día.

3

El mar ondula bajo el mediodía.

Reverbera el azul en vagos brillos
Que auguran una fiesta,
Y no para alumbrar amablemente
Los ojos expectantes.   5

Una vivaz movilidad de juego
Se eleva en breves luces como llamas,
Pentecostés de lenguas que promueven
Don de expresión: la fe en el mediodía.

4

Esta luna resurge, vespertina,
Como un enorme sol muy amarillo,
Y cerca así del mar en aparente
Perspectiva ilusoria, poco a poco,
Va cambiando el color, menos agudo.   5
Y mientras ascendiendo resplandece,
Grande no tanto, más y más redonda,
La luna ahora serena, plateada
Domina ya la noche que preside
Con la amabilidad de la costumbre.   10

5

Entre nubes rojizas
Amanece en el cielo.
Las estrellas nocturnas
Ya desaparecieron.
Permanece radiante   5
Presidiéndonos Venus,
Insiste, disminuye,
Sólo un punto discreto.

Ay, se nos fue.

6

Ni pájaros ni hombres. Alba, nadie.
Escasa el agua, baja la marea,
Una atmósfera gris sobre el murmullo.
Esa oquedad inmóvil profundiza
La blancura tan amplia de la pausa.   5
El litoral espera la promesa
Ya segura hacia un alba con aurora.

DE LA EDAD [2]

1

El niño es un perfecto comediante.

Ya desde los dos años,
Esa esbozada gracia de figura
Se expresa bien con gestos, con mohínes,
Y la sonrisa alumbra entre paréntesis   5
Un claroscuro irónico,
Un teatro de veras sin pecado,
Y de tan fresco estreno
Que la adorable criatura, Lars,
A todos embelesa.   10

[2] Serie compuesta por siete poemas numerados en *B*, amplía su
numeración a diez en *V* al añadir tres nuevos poemas —7, 8, 9.

2

Al niño se parece mucho el hombre.
¿Desarrollo brutal o delicado
De aquello extraordinariamente breve,
Germen, semilla, volición del hado?

¿El principio decide nuestro sino   5
Como si fuera siempre un ser divino?

3

Va camino de ser él,
Avanza, se esfuerza, vale,
Pero no es quien será.
Veinte años, hale, hale,
Adolescencia penosa,   5
Crisis que duele, que acosa.

4

Son jóvenes,
Pero lo saben mal, conscientes poco.
¿Juventud? A conciencia
Más tarde,
Cuando la madurez muy bien la asume.   5

5

Vejez de Calderón, vejez de Goethe,
Apasionada ancianidad fecunda
Por la vía suprema del esfuerzo
Diario, competente,
Aunque inseguro en busca de otra cosa,   5
No lejos ya del último horizonte.

6

El cansancio me ayuda a ver más claro,
A sentir las distancias verdaderas,
Muy remotas así de algunos próximos.
En la fatiga física se filtran
Melancolías, ay, clarividentes   5
De ancianidad.

7

18 de enero de 1983

Tengo tan buena suerte que soy nonagenario.
No sé si algún poeta que hablase nuestro idioma
Subió por el Parnaso a tan dichosa loma.
El ritmo guía a veces por un mundo muy vario.

8

Sí, cumplí mis noventa
De modo natural.
La vida cotidiana
Va por su curso a un mar.

9

Cesaron las alharacas.
Sin inquietud de monólogos
Voy sereno al desenlace
Tan callando.

10

Maravilla de haber dormido
Como un ave dentro de un nido.

Esas tensiones aun viriles
A deshora, tan a destiempo
Expresan una juventud   5
Que el hombre sensible no pierde.

Juventud, divino tesoro.
Yo daría el oro y el moro
Por...
        Utopía
                fugitiva.

TODO A LA VEZ

(Cape Cod)

Parece un río entre riberas verdes
Con el trasfondo oscuro de unos bosques
Que apelan a distancias aldeanas,
Y fluvial la apariencia,
Tampoco es una ría hacia su océano   5
Sino corriente de agua
Que aumenta, disminuye,
Modula su color,
Reflejo de la luz en el minuto
Que rindiéndose pasa   10
Con ondas incesantes,
Porque es agua de mar en ejercicio
De movimiento dúctil
Según rigor de luna,

Invisible a esta hora matutina,   15
Cuando la luz ofrece la más diáfana
Trasparencia radiante,
Y descubre no lejos el gran ímpetu,
Por aquí serpeando fluvialmente
Para infundir en todo el panorama   20
Vivacidad de cambio,
Sucesión de paisajes,
Marinos y silvestres,
Perpetua creación,
El humano consuelo.   25

PLAYA DE PRIMAVERA

(California)

Son leves y muy finas esas olas.
Sobre la playa dispersión humana.
Al sol se rinden cuerpos juveniles.
Gran abandono a la marina arena.

Gaviotas cruzan hacia un solo término,   5
Peñascos propios donde se reúnen
Blancas, aisladas, fúlgidas, remotas
Si no se ciernen revoloteando.

Entre sol y silencio buen sosiego,
Corporal y pasiva tanta calma.   10
Los ojos entornados no contemplan
Bajo luz con aplomo penetrante.

Surge entre los peñascos una foca,
Visible la cabeza sobre el agua,
Agua de Mar Pacífico habituado.   15
La foca mira, grave adiós, se hunde.

Jóvenes juegan por entre las olas,
Avanzan fluctuando, se retiran.
Prevalece el desnudo femenino
Con un vigor de eterno privilegio.   20

TAL FRESCURA

*a thread of vital light became visible.
It was little or nothing but life.*

VIRGINIA WOOLF

Va insinuándose brisa levemente.
Al pulmón me ha llegado tal frescura
Con gracia de principio que la mente
Goza en el cuerpo de la vida pura.

AMBIGUO DRAMA

En el teatro "que es también el mundo",
Quién sabe dónde mal o bien se inicia [3]
La representación de la presencia.

¿En acción declamada torpemente
Por una voz —que sufre y que recita—   5
Se llega a un desenlace verdadero?

[3] En *B* y *V*: *Quién sabe dónde, mal o bien se inicia. O* y *EC*
suprimen la coma, versión que adoptamos ahora.

Niza, 1932, con Claudio, Germaine y Teresa.

En Sevilla, 1935, con su hijo Claudio.

FLORA

CORREOS

Llegaban por el aire
Correos deliciosos,
Aromas de jazmines
Y con su Andalucía,
Y allí mi juventud,   5
En éste mi recuerdo
—Idea sólo ya—
Más consciente, más pura.
Aquello tan vivido
Lo *sé* mejor ahora.   10

DEL JAPÓN

(Málaga)

Esta flor
       pequeñita
Da un olor
       muy intenso.
La llaman "el jardín".
Al jazmín
       nos recuerda
Tal efluvio. Yo pienso   5
Que a breve poesía nos invita.

LIRIO SILVESTRE

A Bernabé

Esta flor es ahora un gran capullo
Muy largo, prieto-esbelto
Que se ondula, central,
Y hacia arriba y abajo se adelgaza,
Siempre inmóvil.
     ¿Inmóvil?   5

Mis ojos no perciben,
Por mucho que prolonguen rigurosa
Contemplación sin éxtasis,
Este impulso ya infuso hacia un futuro
De plenitud abierta.   10

En algún día próximo
La flor nos mostrará
Su forma al fin lograda
Con invisible lentitud precisa.

Perfecta flor entera   15
Fatalmente prodigio.

UNA MARGARITA

Es una margarita
Que tiende quince pétalos,
Grupos de tres en tres
Con reverso azulino,
Y hacia la luz del sol,   5

Extensa, bien abierta,
Dirige su energía.
Y ya desde la tarde,
Cuando empieza la sombra,
La flor va recogiéndose   10
Cerrada por la noche.

Natura. Maravilla. Sin lección.

RETIRO DE JARDÍN

(Málaga)

Por fortuna llegamos al *Retiro*,
Una profundidad de gran silencio,
Que nos cerca y nos salva
Como si casi nos purificase.

Aquel jardín del siglo XVII   5
Se ha transformado en estos esplendores
A distintos niveles,
En perspectivas múltiples
Ecos de Italia y Francia.
Ámbito dibujado, geométrico   10
Nos ofrece entre luces, entre sombras
La fuente con tritón, delfines y nereida,
Estatuas que son dioses siempre amigos
Desde Baco hasta Venus,
Y sin cesar en torno   15
La gran vegetación que nos protege,
Y a equilibrio conduce,
Los cipreses, los cedros, las palmeras,
Y plantas imprevistas de la China,
Del Japón y una flora tropical,   20

Bien avenida aquí,
Bajo el sol de esta costa exuberante,
De este Mediterráneo legendario,
Por eso más real, y las raíces
Ante los ojos con viviente Historia.   25

Y todo en una atmósfera andaluza
Que nos persuade a entrar en un retiro,
Perfección del momento aquí suspenso,
Arboledas, cascadas, claroscuros,
Natura en amistad entre las artes,   30
Y un hombre que lo goza,
Y plenamente así le da sentido:
Jardín.

AQUEL ESPACIO

¡Qué alacridad de mozo
En el espacio airoso!...

Espacio joven, casi divinidad helénica

ORESTE MACRÍ

Tal espacio es tan joven

Que palpita, latente
Sin darle nacimiento,

Un dios mediterráneo.
Allí feliz, palpita: 5

Una esbeltez enhiesta,
Pino, brisa, muchacha,

Casi divinidad
Aquel espacio —joven.

EROS AMOROSO

1

No, no es hostil tu cuerpo al alma pura,
A no ser que tu propio pensamiento,
Sin entender tu amor, te lo corrompa.

2

Dichoso quien conduzca el gran deseo
De trascender la bestia originaria
Más realidad hallando —"yo la veo"—
Y entone ingenuamente su gran aria.
El amor, si lo es con su retorno,   5
—Ese diario pan, sabrosa miga—
Se acrece sin cesar en ese horno
De variación. Que el goce siga, siga.

3

La gran sensualidad apasionada
—Pasión que los sentidos tanto ahonda—
Es quien alcanza dicha en una onda
De mayor amplitud. ¿Y no habrá nada
Que no quede sujeto a su influencia?   5
Amor a mucha vida nos sentencia.

4

Con alegría tierna,
Con ese tan ferviente
Don del cuerpo que es alma,

Iluminando vamos
Los previstos esquemas.   5
Una improvisación
Irisa pormenores
En amorosa luz,
Aventura sin fin.
Y la entrega total   10
Desemboca en destino.

5

Y la mano se tiende hacia la amada,
Firme trozo de círculo imperfecto
Que ya está completando
Mi deseo. La noche, silenciosa.
El instante ya vive hacia el futuro.   5
El largo amor se tiende sobre el tiempo.

TU CUMPLEAÑOS [4]

9 de febrero

¡Vida
Tan cotidiana! Sin disculpa.

"A la altura de las circunstancias"

Es hoy tu cumpleaños,
Que tu apariencia no denuncia.
Me es difícil convertir en tu fiesta
Precisamente un día
Que es como cualquier otro.   5

[4] Una de las últimas creaciones de Guillén, tuvo dos versiones
en *NP*. La primera difiere de la definitiva —es la que aparece
en *V*— en tres versos. 11: *Hasta el vivir que es serio*; 13 y 14:
Va deslizándose con energía, / Sólo impulso de nuestro doble río.

Desde hace muchos años
Nuestra vida diaria se mantiene,
Y de modo fatal,
En amor compartido:
Hondo enamoramiento.   10

Hoy el vivir, que es serio
Y siempre apasionado,
Va deslizándose con propio impulso
De nuestro doble río.
¡Oh vida cotidiana! Sin disculpa.   15

DURACIÓN

El placer pasado
En memoria actual
No se perdió todo,
Queda claridad,
Un íntimo gozo   5
Que también es real,
Lazo de alma y cuerpo,
Nostalgia dual,
Tú, presente ahí,
Yo en nuestra verdad.   10

EL FELIZ ENCUENTRO

1

Las ocasiones del vivir valioso
Se desenvuelven persuasivamente.
Si el oído no es rudo, la armonía
Se escucha con el alma serenada.

2

¿Y si en la relación surgiera crisis?
Por un dolor. Insuficiente el hombre.
Por propio error. Culpable el intelecto.
La armónica aventura exige tino.

3

Tino esforzado que muy bien ajuste
La realidad y sus posibles dones.
No es sólo un coincidir por clara suerte
Con eso que está ahí, ya una odisea.

4

Nos valga nuestro impulso, que se adhiere
—Fatalidad de nuestra norma sana—
Al hecho de esa intensa vida, vida.
Tras la fascinación, el firme pulso.

VILLALÓN DE CAMPOS

A los amigos del Instituto.

*Para Antonio Piedra,
castellano promotor de cultura.*

Ante la estricta llanura
La mirada no se pierde.

Si no lo ve, crea el verde
Sembrando también cultura.

Algo que, por fin, perdura,   5
Alma a través de palabra

Sus nuevos campos se labra.
Vibra un grupo fervoroso,

Incesante en un acoso:
Que hacia el porvenir se abra.   10

Bajo esa oscura luz historia aflora
Que sostiene un lenguaje con su mina,
Pasado cierto va a un futuro ahora.

FAUNA

CITA PUNTUAL

Muchos, muchos vencejos,
Cerca de un campanario,
Giran, tornan, furiosos,

Veloces, velocísimos.
Se mantienen distintas   5
Las vueltas y revueltas.

Nunca roces ni choques.
Y persiste el furor
Con ansiedad de caza.

Sí, los picos abiertos: 10
Colectiva entereza
De victoriosas aves

En la luz de la altura.
(Por suelos de ciudad
El desorden humano.)   15

ARDILLA ACRÓBATA

Todavía infantil, la ardilla emprende
La veloz ascensión
Del alto, grueso tronco de un gran olmo.
Con tino muy seguro
Da un salto ya acrobático a una rama,   5
A otra más leve sube,
Aunque débil domina,
Y descendiendo corre, salta, corre,
Llega al prado. Triunfante juego olímpico.

VIDRIO Y SALTAMONTES

Resuelto saltamontes
—Órganos hay de saltos y de asaltos—
Castaños sus matices,
Verde su cuerpecillo,
Se para y sigue junto a la ventana.   5
Quedará inmóvil casi,
Atónito expectante
Frente a la claridad
Maciza de aquel vidrio
Con las alas y patas desplegadas   10
En actitud de ataque ya inminente,
No deja de esperar.

¿Atrae al saltamontes
La conquista del cielo?

LOS BUITRES

Aves volaban altas, cielo altísimo.

—¿Cómo se llamarán?
                              —Son buitres, nombre
Siempre siniestro. Cuando ya perciben
Olores, por olfato extraordinario,
De algún muerto, difunto de catástrofe,   5
Con su rapacidad irresistible,
Sin cesar orientada hacia la muerte,
Buscarán el cadáver delicioso.

Y volando seguían,
                        y suspensas las alas.

BAILAR

Todo el cuerpo es ya gesto y movimiento,
Acorde al ritmo nunca interrumpido
Que gira y gira en torno a un frenesí.
Se levantan en vuelo aquellos velos
Que cubren desnudez apenas vista,   5
Revoltijo de arrojo y ropa en círculos
Mientras el cuerpo avanza y retrocede
Como ofrenda de pecho, vientre, sexo
Dándose y retirándose radiante,
Eros resuelto en forma, gracia, música.   10

PATINAR

Rochester, N. Y.

Los bailarines, ah, patinadores
Sobre un suelo perfecto que es de hielo
Deslizándose trazan
Velocísimas, suaves, rigurosas
Curvas, continuas curvas de arrebato,   5
De entrega, de abandono,
Y resbalan, se yerguen
Con dominio absoluto, soberano,
Celestes cuerpos de celeste llano.

YA SE ACORTAN LAS TARDES

Ya se acortan las tardes, ya el poniente
Nos descubre los más hermosos cielos,
Maya sobre las apariencias velos
Pone, dispone, claros a la mente.

Ningún engaño en sombra ni en penumbra,   5
Que a los ojos encantan con matices
Fugitivos, instantes muy felices
De pasar frente al sol que los alumbra.

Nos seduce este cielo de tal vida,
El curso de la gran Naturaleza   10
Que acorta la jornada, no perdida
Si hacia la luz erguimos la cabeza.

Siempre ayuda la calma de esta hora,
Lenta en su inclinación hasta lo oscuro,
Y se percibe un ritmo sobre el muro   15
Que postrero fulgor ahora dora.

Este poniente sin melancolía
Nos sume en el gran orden que nos salva,
Preparación para alcanzar el alba,
También serena aunque mortal el día.   20

LA CALAVERA SUBMARINA

Entre los restos pétreos
Del barco naufragado
—Como si fueran ruinas prehistóricas
En el fondo del mar—
Emergen de un montón algunos cráneos.   5
La oquedad ha perdido
Sangre, nervios, cerebro.
No recuerda figura
Ni su semblante, con horror ausente.
Absoluto el estrago.   10
¿Para qué dialogar
Contigo, calavera,
Y retóricamente preguntarte...?

Este fondo marino
No es cementerio de especulaciones,   15
Ocasión de esperanzas y ansiedades.
Un brutal accidente
Destruyó todo un orbe.
Peces alrededor
Del naufragado barco   20
Mantienen una vida indiferente.
Los huesos de ese cráneo
Con irrisión tajante sí articulan
Respuesta —negativa: nada, nada.

MÁS NOCHES [5]

1

Dentro de un buen silencio muy nocturno
Resalta más la imagen
De aquel horrible ruido a mediodía,
Insolentado tráfico
Veloz y sin cesar... ¿hacia qué nada?   5

2

El gran silencio pone de relieve
La más visible calma de la noche,
Transición que pretende ser estable
Como si resistiera
Con silencioso cuerpo   5
Nocturno.
Paz.

3

"¿Por qué volvéis a la memoria mía,
Dulces recuerdos del placer perdido?"

La memoria revive en quintaesencia
Ya ideal los instantes más felices.

[5] Las cinco unidades poemáticas de *B*, como consecuencia de un nuevo poema —el 5—, se amplían a seis en *V*, tal como se indica en *CB*.

Repercute en el cuerpo aún armónica   5
La precisa tensión tan efectiva.

Los recuerdos son lujos del presente
Sin porvenir de "polvo enamorado".

No llega hasta ese extremo el pobre incrédulo.
Volved, volved a la memoria mía...   10

La memoria es tesoro extraordinario.

4

Yo creo en ti, mi sueño, restaurador profundo
De mi ser hasta en mis raíces últimas.

Dejo a mi subconsciente que se pierda
Por esas rutas que conozco poco,

Ajenas a conciencia donde busco   5
Mi identidad, la propia, la más propia.

Dormir es lo que vale. ¿Y soñar? Bien despierto.

5

La alta noche trascurre a pasos lentos
entreverados de lento monólogo.
¿Hacia un mundo la nada estallaría,
Hace millones, infinitos años?
Yo siento las estrellas invisibles   5
Limpias de azar —¿y Dios?— limpias de caos.
En busca de armonía yo me inserto,
Mínimo ser incluido en el cosmos.
¿Y yo qué soy con mis tercas palabras?

6 [6]

Quai St. Michel

Esas luces veloces de los coches,
Ante los ojos ya fulgor exento,
Se deslizan sin fin por avenidas
Y esta ribera del hermoso río:
Centelleo de luces reflejadas   5
Entre los amarillos y los rojos
Que entregan sus caminos aun sin nadie.
Descansando las calles robustecen
Para el sol su reserva de energía.
(Yacen —entre paréntesis— insomnios,   10
Abandonos, monólogos.) Y mientras,
La ciudad va tendiendo hacia la Historia.

---

[6] Ocupaba en *B* el número 5, con separación estrófica entre los versos 9 y 10, más verso quebrado en el 11.

II
LA EXPRESIÓN

A Julián Marías

1

Hacia forma el hombre tiende.
Quizá le inspire algún duende,
Y a más amplitud se abra.
Tanto a los gestos se entrega
Que la expresión es su omega.   5

2

Todo lo bien vivido sale en busca
De algún decir: esa palabra exacta
Donde se vive por segunda vez
A una altura mayor, que no es un acta
Documental. La voz en luz erguida   5
Requiero yo para integrar mi vida.

3

No hablaré como doctor
De lo humano y lo divino.
Ved si en el poema atino.
Todo está: de amor a horror.

4

A Dionisia García,
cuya palabra es poesía.

Entre lector y autor no hay más que idioma,
Palabras y palabras y palabras
Que siempre se trascienden a sí mismas:
Transportan nuestra mente, nuestro mundo,
Lo que somos, tenemos y queremos.   5

—"Words, words, words."
                                    —No. Palabras prodigiosas.

5

Quise decir... ¿Lo dije, no lo dije?
La expresión a su altura de poema
Se irisa en claridad, se tornasola.

¿Llegará a ser equívoco algún signo?
Selva oscura no es término de viaje.   5
El eminente lucha contra el caos.

6

Poesía es un curso de palabras
En una acción de vida manifiesta
Por signos de concreto movimiento
Que al buen lector remueven alma y testa.

7

Los vocablos me orientan, se me esconden,
Estallan, se iluminan, se me esfuman...
Pierdo el rastro. Flaquea la atención
Con que oigo el monólogo disperso.
No hay numen, duende, musa que presidan.   5

¿Por dónde voy? No sigo.

8

Tres vías.
¿El meollo del verso es razonante?
¿La poesía es ímpetu y disparo?
Encarnación de espíritu completo,
Criatura viviente: gran poema.   5

9

Su poquito de ruiseñor
Puede tener el muy poeta.
Por algo se dice que canta.
El ave nocturna le reta.

10

Esa ambigua palabra,
Que no es prosa ni verso,
Desde su ser fluctúa
Con indeciso aliento,
Por el aire no vuela,   5
Se derrama en el suelo,
Se aleja hacia el informe
Murmullo pasajero,
No va hasta la memoria,
Se deshace en silencio.   10

11

Este poema tan abstracto y culto
Me conduce, severo y distinguido,
Por una senda ajena que me invita,
Llegado al fin, a delicioso olvido.

12

Composición retórica del siempre antiguo clásico,
Declamación retórica del ya antiguo romántico.
—¿Qué eliges?
—Yo me quedo con todo para varia lectura.
—¿Y qué te importa más? —La musa, la aventura.   5

13

El texto de autor, si bien leído,
Se trueca en otro ser —de tan viviente.
Las palabras caminan, se transforman,
Se enriquecen tal vez, se tergiversan.
Tras la hazaña de origen se suceden   5
Las aventuras del lector amigo.
He ahí revelándose un misterio
De comunicación entre dos voces
Mientras los signos gozan, sufren, mueren.

14

la cara que muestras a los del infierno
faré que demuestres al cielo superno,
tábida, lúrida y sin alabança.

JUAN DE MENA, *Laberinto*, 250, 8

I

"Tábida, lúrida", dice el poeta,
Término oscuro difunde un encanto.
Rostro se esconde tras esa careta:
Un personaje con lustre de manto,
Lúcido audaz que a los númenes reta   5
Con una flor, un clavel, un acanto. .

Todo conduce al umbral del misterio.

II

Por el río del ritmo las palabras
Trascienden su inmediato ser sonoro,
Proponen más riqueza de sentido,
Algo con fluidez de sentimiento
Que a lejanías llevan ciertos sabios   5
Signos, no extravagantes, misteriosos.

¡Córdoba! "Tábida, lúrida." ¡Córdoba!

15

—¿Escribe usted "empero"?
—No lo necesito.

Hablando con Gabriel Miró

Yo no quiero ser tan rico
Según cualquier diccionario.
Con este mundo tan vario
Jamás compite mi pico.
¿Qué palabras? Las vividas.   5
Son el oro. No soy Midas.

16

—Ese verso tan largo que ya es prosa...
—"Versículo". —Diminutivo impropio.
Mejor "versón", "versote", más, "versazo".
Y la tipografía en homenaje
Da apariencia de verso. ¡Lindo traje!   5

17

¿"Intemporal"? ¿Sin tiempo?
Disparate inocente. El poema es poema
Si algo *entonces* se vive, se siente, se ejecuta.

18

No aludo a "perfección", a meta conquistada,
A calidad de objeto: una fanfarronada.
¡No! "Perfección" sugiere mi esfuerzo mano a mano,
La más tensa conducta y basta: soy artesano. [7]

19

A Eduardo Chillida

Alguien está inventando con fortuna.
El cuerpo no interpone
Discordancia, dolor
Entre espíritu libre y mano libre:
Irradiante salud.   5
—Pero no inspiradora.

Ocurre el caso muy privilegiado
De una salud erguida entre las Musas
Más puras y esenciales,
Que promueven y mueven,   10
Ágiles, juveniles,
Con gracia.

20

El crítico analiza aquel poema
Poniendo de relieve las palabras
Con sus alcances y correlaciones,
Sus aventuras, luces, tonos, ritmos.
Mientras opera la razón, el texto   5
—Bajo aquella mirada inquisitiva—
Yace tendido y reverente: prosa,
Prosa, tan racional su mansedumbre.

[7] Verso éste muy corregido por Guillén. *B*: *La más intensa conducta y basta: y artesano*; la fe de erratas en *B* corregía: *La más tensa conducta. Soy artesano. V* reproduce fielmente la versión de *CB*: *La más intensa conducta y basta: soy artesano.* Sin embargo, por exigencias del verso alejandrino recogidas en *EC*, se restituye *tensa*.

Y, por fin, en la voz del recitante;
O a través del silencio resonando,   10
El latente poema —gracia extrema—
Recobra su valor irresistible.
Sucesivas las sílabas componen
Todo un conjunto de concierto en acto.
¿Hay total intuición? Hay poesía.   15

21

"Poeta por la gracia de Dios", dice la gente.
¡Hipérbole! Digamos sólo modestamente
Poeta por un don de hallazgo sorprendente:
La inspiración, que otorga sin ningún previo puente.

22

"Musa ibérica. Torrencial",
Dijo un gran escaso muy fino.
"Mucho y perfecto", el divino
Quiso.
        Calidad del caudal.
Eso es lo que nos importa.   5
"Largo el arte, la vida corta."

23

Mi lector. El de hoy,
Con él de veras voy.

"La inmensa mayoría."
Cuéntaselo a Talía.

Vida póstuma incierta.   5
—Deja la puerta abierta.

24

¿Qué dicen las trompetas de la fama?
Importa ese lector que bien me lea,
Remoto de ese gordo estruendo tosco.

25

Cree en el Pueblo-Poeta,
Romántico, folklorista:
Romance y cantar son meta.
No entiende bien otra pista.
Es retórica a su oído   5
La palabra con sentido
Que se acoge a relación
Compleja de sentimiento.
Sopla en esa altura el viento
De la gran inspiración.   10

26

Poeta profesor no es nunca vate.
Poeta *dandy* no es jamás orate.
El poeta divino… Disparate.

Hay sí poema en que el misterio late.

27

"Fromentin es inteligente
—Oh Xenius— como el mes de octubre."
La gracia se entiende y se siente.
El ingenio muestra y encubre.

28

Si alguna palabreja fea
Como exabrupto brusco emplea,
Varón se siente, cuerpo entero.
        ¡Majadero!

29

¿"Poema de salvación"?
Podría ser. Fundamento
Propone para vivir
En la Tierra con aliento,

Contagia profundo impulso   5
De amor a las criaturas,

Y se dirige a un hacer
Entregándose al presente
Paso por este planeta.
¿No es un valor inmediato?   10

30

LOPE, *El Isidro*, Canto V

Isidro, labrador, humilde hasta ser santo,
Se ajusta a realidad, la propia, también nuestra.
Se levanta. *La tiniebla que le ofusca / Va tentando...*
Llega al frío hogar... Entre la ceniza busca...
En fin, un tizón halló, / Y algunas pajas juntó...   5
Y el rostro de viento hinchado / Soplando resplandeció.
El instante en la estrofa resplandece, real.
Prácticos pormenores a visión se incorporan.
Cúbrese un capote viejo, / Sin cuidado y sin espejo.
Y desfilan cestillo, la alforja, puerro y pan.   10

Todo se trasfigura porque ven ciertos ojos.
Es el amanecer. Y *Relincha la yegua,*
Rozna el rudo jumentillo, Canta el gallo,
Y ladra el perro, Más. Lechón gruñe, buey muge.
Bate las alas el ganso. Natura se asocia   15
Con sus vidas a Isidro, quien *al jumento aplaca*
La sed. Y le cincha. ¿La yegua? *Sola relincha.*
Con la yegua cargada se va al campo y la guía.
¿"Prosaísmos?" Dislate. ¿Los seres ahí? Neutros.
Poético valor no está en las cosas mismas.   20
Bellas, feas esperan esa extrema mudanza
De la visión. Y Lope, genio, crea, recrea
Con una extraordinaria variedad prodigiosa.
¡Madrugador Isidro! Ya santo en poesía.

31

LECTURA Y ESCRITURA

A Claude Couffon

I

Poesía es ahora una lectura
Que apasiona a un muchacho.
En el silencio extenso
Resucitan los signos de la página,
Inmóviles allí como posibles   5
Criaturas, ahora
Por entre luz y luz ya poesía
De primer creador,
De final taumaturgo.

II

Ocurre algunas veces...
Ese que resucita el mudo trazo
Sufre una tentación o tentaciones.
Potencia busca forma.

Hay vocablos dispuestos,   5
Sí, dispuestos ¿a qué?
Inspirada, la voz acierta, dice.
Lector y creador, poeta en haz.

III

Del hacer al saber
Va la ruta suprema.
                                    Caminemos.

Los árboles, sonoros en sus hojas
Con pájaros y brisa gorjeada,   5
Son ingenuos cantores.

Canta quizá el poeta: Bien discurre,
Docto, desde un taller.

Es hacedor, humilde, de un mundillo
Que se abre hacia el mundo.   10

32

"NOTICIA DE LA LENGUA ESPAÑOLA" [8]

(Francisco Abad)

¿Civilización? No con seres mudos.
Hay realidad con lengua de parlantes.
Con nuestra lengua se hizo nuestra historia.
Y si hay creaciones de algo hispánico,
Se salvará un valor en prosa y verso.   5
Es la única forma que perdura.

---

[8] Nuevo en *V*.

Pese a las más atroces crueldades
Se conquista avanzando por las guerras
Con gran esfuerzo heroico. ¿Muchos muertos?
La vida sigue en pie y busca vida.   10
      "Pero quedan los nombres.
      Están sobre la pátina
      De las cosas."
Triunfa, por fin
      "la plenitud del ser
En la fiel plenitud de las palabras".   15

VIDA DE LA EXPRESIÓN

A José Manuel Blecua

1

"Fiat lux". Dios es Dios de Creación.
Sin un lógico arrastre precedente,
Algo nuevo prorrumpe sin razón,
Porque sí, de repente.

2

¿La inspiración? En trance de arrebato
Fatal, supremo hacia lo oscuro:
Poeta como víctima sagrada.
Es posible también
El diálogo con Musa,   5
Placer con relación que va creándose. [9]

3

¿Por qué tan oscura esa página?
Huyendo de idea y de cosa,
Lo importante es llamarse Ernesto.
¿Con seguridad misteriosa?

---

[9] B: *Placer en relación que va creándose,* que rectifica en *CB.*

4

Manual de literatura.
"Más bien pedal." (Unamuno.)
¿Esos lugares comunes
Serán la voz de la Historia,
O sólo sordo murmullo,   5
Posteridad burocrática,
Pedal de literatura?

5

una depuración del repertorio
de lugares comunes.

PEDRO SALINAS

Dice el Domingo al siempre neutro Lunes:
"Cada vez la verdad al sol es nueva.
Rehagamos lugares muy comunes."
También se lo decía Adán a Eva.

6

¡Ojo! No te extravíes en orgías
De minucias. Te acecha el demoníaco
No acabar, perfección... hacia la Nada.

7

"Es un gran poeta malo."

Sólo importa lo mejor.

En el alpinista cuenta [10]
La suma altura alcanzada,
El Everest, el Mont Blanc.   5

[10] B: *El alpinista cuenta,* que se revisa en *CB.*

Obra unitaria y aciertos.
¿Adónde llegan los máximos?
Así total calidad.

8

Los aficionados
Son muy exquisitos.
Leen y no escriben.
Bibliofilia: ritos.
Y leen, devotos.   5
¿Hay sangre en las venas?
Y gota de anís.

Los aficionados
Con su flor de lis.

9

"Una liberación: la poesía."
Se nos dijo a manera de homenaje.
Si me pongo a escribir, es que soy libre.
Si no estoy sano, yo no emprendo viaje.

10

Cierro los ojos y el negror me advierte...
Cántico, "Cierro los ojos"

Veo cielo estrellado con los ojos cerrados,
Una constelación de escarlata radiante.
¿Metafísica? Física. Y me pone delante
Sólo unas chiribitas. Ni misterios ni dados.

11

Yo vi seis rosas rosadas,
Hermanadas y diversas
En torno de ese vocablo
Que yo les tiendo: sois rosas,
Permanente perfección.   5

12

¿Solitario? Solista.
Toco el piano a dos manos,
No a cuatro.
                    ¡Ay, la entrevista!

13

Con intensa atención escribí un texto,
      Y lo borró el olvido.
... Me releí con inquietud de incógnita.
      ¿Yo seré quien he sido?

14

Equívoco resulta en algún verso
Quizá cualquier poema acaso claro.
El error del lector, si es muy agudo,
Favorece el gran vuelo con su lema:
                Ave de altanería   5
Triunfa en el esplendor del mediodía.

15

¿Adónde va esa canción?

—Mi fatal exquisitez
Me aleja por derroteros...
—Que acaban en unos ceros
Sin ave ni flor ni pez.   5

¿Adónde va esa canción?

—C'est de la préciosité
Marginale, mon ami.
—Es que sólo susurré
Persiguiendo a un colibrí.   10

¿Adónde va esa canción?

16

Hay literatos ensoberbecidos
Que sólo son "précieux".
Podría recordarse la comedia
"Les précieuses ridicules" de Molière.
Éstos son nada más   5
"Les mineurs ennuyeux".

17

Abstracción: las escuelas, los influjos.
¿Contactos con el texto serán lujos?
¿Eso es posteridad o burocracia?
Se evapora la esencia con su gracia.

Y tanto teoriza aquel talento   5
Que su tesis le envuelve y se le enrosca,
Y ya no ve la realidad concreta,

Y al colibrí desposa con la mosca.
Teoría origina teoría.
¿Me alumbra el sol para que me sonría?   10

18

Cae del cielo un premio literario
Como azar de favor innecesario.
Tal generosidad con el artista
No es ninguna ilusión, está a la vista.
—¿Yo el escogido? Juvenil sorpresa.   5
¿La vida es un zigzag más que una empresa?

19

El estadio es inmenso.
Lo domina un gran público.
Sus vertientes de gente y gente ofrecen
La mayor muchedumbre
Visible de la tierra.   5
Opuestos partidarios ambiciosos
Resguardan, expectantes,
Una tensión con ímpetu hacia aplausos,
Con frenesí de idólatras.

He ahí, he ahí, la mayoría,   10
La inmensa mayoría innumerable,
Consistente, compacta,
Unidad de atención en esos ojos
Que siguen ese juego
Con lúcido interés apasionado.   15
Ellos miran, entienden, saben, juzgan
Los giros y las suertes,
Entre los pies sublimes
De unos seres olímpicos [11]

---

[11] B: *De unos seres triunfantes,* que cambia *CB.*

¿Se desea que un público de estadio   20
Se apasione también
Por el rigor de un pensamiento en ritmo,
Y al único nivel
Ya de la poesía?
Ideal irreal.   25

20

¿Contra quién se levanta la gran pluma?
La subversión auténtica no ocurre.
Nadie impone un modelo obligatorio.

Afirmándose crea el otro artista
Desde sus intuiciones y sus gustos   5
Por un normal camino diferente,
Libre de lucha con la ajena página.

En la historia —museo— antología,
Obras vivientes a la vez persisten
Gracias al arte, vida testaruda.   10

21

"Amargo al gusto más que la retama."
Lo observó exactamente Garcilaso.

"La ginestra", gran Canto de Leopardi.
"Odorata ginestra / Contenta dei deserti."

El poeta francés dirá "genêt",   5
Análogo a la hispánica "ginesta".

No, no, por Dios, amarga la retama.

22

El sublime poeta ilimitado, [12]
Y por genialidad irracional,
Será natura al modo de la roca,
O de selva, murmullos por el viento,
Como tigre, zarpazos incisivos.   5
¿Irracional sin ge-ni-a-li-dad?

23

—Venga tiempo.
                    —El tiempo nos devora.
—La frase negativa es la más fácil.

Un curso temporal
Nos nutre y enriquece,   5
Elabora la gran sabiduría.

¿Y tú te quejas, bestezuela fiera?
¿Qué sería de ti
Sin corriente de tiempo?

24

(Clamor, Maremágnum,
"El encanto de las sirenas")

A la memoria de Leone Traverso

—En un viaje por mar
Encontré una sirena,
Para mí, cara a cara, lo confieso,
Hórrido monstruo incongruente al hombre.
Tuve, cruel deber, que rechazarla.   5

---

[12] *B: Estupendo poeta ilimitado,* que mejora en *CB.*

Ya solo, sobrevino una viajera.
Suficiente aventura. Me sedujo.
¿La realidad es preferible al caso
Legendario si un día prorrumpiese
La leyenda en la historia?   10
—Eres quizá sensible a ese nivel
Del trascurso mediocre...
¡Una sirena! Mito prodigioso.
—Prodigioso al oído, no al contacto:
Esa voz melodiosa   15
Que de lejos atrae.
Soy feliz con Ulises
Navegando en sus versos.
Y la dama del buque,
De repente emergida, ante mis ojos,   20
¿No fue una aparición, también un Mito?

25 [13]

Para mi amigo Ángel Caffarena

Artesano —palabra digna y bella—
A través de las horas
Puede alcanzar su meta: maestría.
¡Maestro carpintero!
Ya es arte de un artista aún humilde   5
Con sus rasgos de estilo
Como si alguna gracia le asistiera.
El que fue un aprendiz
Va alzándose hacia términos
Sutiles, más allá de lo aprendido,   10
Nunca dócil a plan,
Si a inspiración se aviene:

[13] Con relación a *B* se originan en *V* distintas variantes, avaladas
por *CB*. 1: *Artesano —palabra digna, pulcra—*; 17, 18 y 19: *O quizá por capricho, nubarrones, / Esta irrupción centella / No es
cita inesperada*; 21: *Tal musa, muy solícita*

Eso, simbolizado en una musa,
Que asiste o que no asiste, misteriosa.

No imaginéis, profanos,   15
Que sólo acude en trance como acoso,
O quizá por capricho, entre unas nubes.
Esta irrupción de gracia
No es cita de aventura.
Hacia un amor de enamorado vuelve   20
Tal musa, ya solícita.
Y el que aguarda la siente ya interior
A su espíritu en rumbo... de trabajo.

Profesión de poeta,
Cada vez más poeta, denso tiempo   25
Que se mide por años y por años,
Vida madura al fin, sabiduría,
Vocación entrañable,
Jamás ornato de un domingo leve,
O con furores de revelaciones.   30

Profesión de poeta,
Laborioso inspirado.

III

COMPÁS DE ESPERA

1

Las cuatro. Silencio. Se duerme,
Se sueña, se ahonda la vida.
Hay casos: amantes, beodos,
Ignotas escenas oscuras.
Al cielo y su orden sensible,   5
Prevalece el ritmo nocturno.

2

Por el cielo es de día.
La ciudad se percibe todavía
Nocturna entre las luces
Eléctricas, potentes en sus cruces
Con esa claridad de vidrio que se quiebra.   5
Noche veloz del alba, ya una cebra.

3

Me despierto. Las cinco. Mi ventana
Da a una ciudad desierta.

146

Un transeúnte lento no se afana
　　　Por llegar a una puerta.
Paréntesis de sueño todavía   5
Descubre una ciudad que en sí confía.

¿QUIÉN SERÉ?

1

Bajo mi piel subyace todo un mundo
Que soy yo, yo profundamente ignoto
Con sus correlaciones infinitas
Entre sus elementos y corrientes.
Subsiste sin visión el orden lóbrego   5
De exigencias puntuales que se cumplen
Según ley de mi vida, si no muerte.
Tengo que obedecer a los mandatos
Implacables, terribles, deliciosos
En esa prodigiosa autonomía   10
Bajo su dios.
　　　　　　¿Quién era, quién seré?

2

Ese protagonista caminante
Que observa comentando, siempre lúcido,
La realidad en torno
Tal cual es, verdadera,
Ese hombre es un hombre,   5
Propio vivir auténtico
Bien encajado en él, por eso humilde,
Enajenado nunca,
Hacía verdad el incesante impulso.

3

El buen actor es otro ser, ficticio.
Y también quien reluce entre las gentes,
Y en la vida privada el más secreto
Que dialoga su amor, sus extravíos,
Y el que vaga por sueños y desvelos,   5
Y... Más y más. Innúmero el etcétera,
Que no puede romper la misteriosa,
Continua identidad inescrutable:
—Soy Zutano.

4

Mis respuestas enérgicas o torpes
A las solicitudes de las horas
Dependen de un espíritu en su carne,
Una asamblea que es mi yo más propio.

Sin embargo, me digo: ¿Quién seré?   5
¿La identidad persiste en esos cruces
Del vivir?
                Yo me siento responsable.

Doy la cara, la firma. ¿Soy mi nombre?
Vivo siendo en un ser itinerante.
¿Una ilusión el aire que respiro?   10

5

Nos decía una voz: Hubo un instante
De mi revelación definitiva.
Yo supe quién yo era.
De verdad conocí mi rostro-nombre.
Y mi yo verdadero es quien me guía.   5
No, no —dijo otra voz.

Es siempre ignoto el yo para sí mismo:
Aparición confusa
Que con la realidad jamás coincide.
Le repuso otra voz cortés y clara: 10
¿No estamos en flexible dependencia
De lo que nos adviene?
Continuidad ocurre en el esfuerzo.
"Yo soy mi cotidiana tentativa."

La gran frase de Ortega recordemos: [14]   15
"Yo soy yo —¿quién, yo?— y mi circunstancia."
Mi circunstancia con diversa fuerza...
Se nos impone a veces enemiga:
Dictadura —con nuestras artimañas
De resistencia o viaje. Normalmente   20
La circunstancia ¿no es el "aire nuestro"?
Realidad que nos nutre y se respira.
Amistad, el amor, la intensa Historia,
Que se llama —feliz— el gran Ortega.

ESE "YO"

Su soledad, su dios, su Yo, Yo, Yo
Y otros poemas, "Le moi adorable",

(VALÉRY)

Ese "moi adorable"... No, de veras.
Es ese de Narciso renaciente
Dentro del yo soberbio ante su espejo.

El egoísta yo muy solitario,
Que se busca y no topa más que vana   5
Vacuidad conducente al gran vacío,

[14] Los diez versos que configuran *La gran frase de Ortega* —nuevos en *V*— se insertan, por indicación de *CB*, en la segunda parte del poema 5.

Miserable vacío en una hoguera
De agónico autoardor entre cenizas,
Un solo claroscuro vacilante.

Es el yo del artista que se adora,   10
El dios que se desea hasta en su culto:
"Heme aquí tan cruel y siempre bello."

Idólatras del yo, ritual solemne,
Hondo fondo hediondo con sus ratas,
Con sus animalejos inventados.   15

¡Ese "moi adorable" tan ilustre!

EL DRAMA DE LA PROMESA CUMPLIDA

Mirad.
Estas primeras flores por el campo,
Que anuncian
Las lejanas cosechas del estío,
Son deliciosas, ya nos las prometen.   5

Esos chicuelos, rumbos ya veloces
Hacia total hombría...
El maestro dirige una mirada
Protectora a los jóvenes discípulos,
Ecos pendientes de la voz suprema.   10

Pasa tiempo. Vicisitudes múltiples
Van cambiando niveles, proporciones.
Aparece evidente el ser plenario
Que se afirma, se asienta,
Valor ya libre.   15

El máximo no aguanta plenos seres.
Los enriquecimientos son visibles
A los ojos de todos.
¡No, no, no! Desazón. Y negaciones,
Embustes. Y se engaña al propio espíritu.   20

El ser se opone al ser. Final locura.

SEAMOS

Soñaba.
"Quiero salir, salir al fin de mí,
Fugarme de la cárcel en que vivo,
Más allá de mis límites."
Y soñaba, doliente.   5

¿Ser otro ser? Quizá representado
Por ti en escena propia,
Autor, actor, teatro, farsa, feria,
Ser un papel andante de argumentos,
A fuerza de infligirte "no, pues no".   10

O en ebriedad latir, o más, con droga,
O ascender a frenético delirio.
Ser un casi demente,
Ser otro en baraúnda colectiva,
Ser otro enhechizado.   15

¿Es eso ser?
¿O ser difícilmente
Según tu vocación si la alcanzases,
Y con hijos, con obras,
Tu trascendencia en plenitud madura?   20

SE BUSCA

¿Y qué sentido nuestra vida tiene?
Cierto, cierto sentido…
La solución no viene del paisaje.
Nuestras mentes darán una sentencia.
¿Todo imaginación? Ah, no, tampoco.   5

Buscamos la verdad.

RAÍCES

El pasado pasó como presente.
Como pasado aún vive en restos rotos.
Todavía sustancia, [15]
Fluye por raicillas,
Por raíces acaso vigorosas.   5
El hombre, la suprema tentativa,
Por fortuna feliz también es árbol.
¿Sin raíz, sin historia? No, jamás
Falso monstruo quimérico.

JUVENTUD LEJANA

A Teresa Centelles

B. ROSELLÒ-PORCEL
CONCEPCIÓ CASANOVA

Aquel muchacho mallorquín.
La muchacha, de Barcelona.

[15] *B* y *V*: *Todavía sustancia. O* y *EC* exigen coma.

No se conocieron entre ellos.
Los junta ahora mi memoria.
Se me alegra muy dentro el alma   5
Si evoca el aura luminosa
Que suscitaban las figuras,
Las sonrisas y aquellas ondas
De intensa adhesión a la vida
Con su júbilo por corona,   10
Puras alegrías triunfantes
En pleno impulso hacia su forma.
La inteligencia no atenúa
Vivaces chispas que se arrojan
Con entrega muy natural   15
Tras eso en transición: la hora.

Aquel muchacho mallorquín.
La muchacha, de Barcelona.

LE TEMPS RETROUVÉ

Cuando releo ahora
Frases que releí cuando era joven,
Me conmuevo.

¿Por qué?
De pronto y de repente,   5
Es "le temps retrouvé".

Por ejemplo,
Manrique, Garcilaso,
Ronsard o Baudelaire, Rubén Darío...

Corrientes aguas, puras, cristalinas...   10
Quand vous serez bien vieille, au soir à la chandelle...
Francisca Sánchez, acompáñame.

Entonces
Me invade, desgarrándome, el tiempo transcurrido.
Y hasta los ojos, sí, se me humedecen.   15

MÁS AMOR Y PEDAGOGÍA

> *Amor y Pedagogía, antepuestos... no vemos*
> *ninguna fisura que los separe. Los vemos fundidos.*
>
> ROSA CHACEL, *Los títulos*

"Amor y Pedagogía"
Dice bien exactamente
Lección de voz amorosa.
El amor guía, corrige,
Eva maestra de Adán.   5
Y por tal visión feliz
Salieron del Paraíso,
Por fortuna para todos.
Ilumina amor, no ciega.

"Amor y Pedagogía", viejo rótulo.   10
Palabras en contraste, no antagónicas,
Se juntan si sentimos su concierto
Hondamente esencial.

La mujer, tan materna desde niña,
Protege con un haz iluminante.   15
Por instinto —que incluye la razón—
Conduce sin ninguna
Favorecida autoridad de mando.
¿No es su entrega la guía nobilísima
Del varón entre riesgos y pasiones?   20

SOMBRA Y CORAZÓN

EN EL HOMENAJE A CONCHA ZARDOYA

"Historia femenina inacabable."
Ella lo dice con su voz muy suya,
Que es eco de la voz universal,
Dicha en la sombra.

Todo está en una sombra que recoge   5
Dolor, angustia de los desvalidos.
¿Y no lo somos todos? De repente,
Black-out, la oscuridad de gran Historia.
"Un extraño lugar
De vibración común, terrible y dulce."   10
Soledad. Soledad jamás de veras:
Reúne algo común al hombre con el hombre,
Y no sólo en repliegue de obediente,
Bajo los espantosos poderíos.

Los horrores que a todos nos circundan,   15
No tanto por razón de nuestro siglo,
Aumentan la congoja de la vida,
Que nos resume voz de una mujer
Con imaginación más, más sensible
Que esos ilustres jefes, geniales —y tan rudos.   20

"La Tierra es más piadosa que los hombres."

El alma siempre tierna así lo entiende,
Y los ojos retornan a la rosa,
Perfección de natura.
La rosa, "compasiva en su luz, consoladora.   25
Belleza. No cruel".
"Sencillísima, plena, transparente."

La afirmación del Ser no se extravía,
Aunque sombras y sombras la recubran,
Aunque la muerte... Choque violento,   30
Perplejidad. Y más se ahonda el alma,
Y allí se queda. ¿Sin salida acaso?
"Mientras haya preguntas..."
Y recupera el alma algún alivio.
Que interrogue, que aguarde, que preserve   35
"La profunda raíz de la esperanza".
(Tumba de Agamenón, perennes sombras.
Aquel silencio, sin ninguna fecha.)

¿Vencerá el corazón? Es "sangre y alma".
"Se afirma una verdad insobornable",   40
Esa certeza que remueve a muchos.
El corazón la trasfigura y crea,
Protagonista firme, tenacísimo
En su rincón herético humildemente.
Voz de veras poética se impone.   45

LA ASTRONOMÍA

Entre todas las ciencias, la flor: astronomía.
Extraordinarios los descubrimientos
En ese mundo enorme y sus galaxias.
¡Enorme! Nos parece ya infinito.
Es la base muy sólida de la humildad humana.   5
¿Y un solo Móvil guía de universo,
Interesado por un solo punto
De la Tierra, planeta sin realce?
¿O tal vez capital de las galaxias?
Enorme el universo. Y yo, minúsculo.   10
Lo confieso: minúsculo. ¡Minúsculo!

ACTO COMPLETO

La inteligencia lleva
Por los itinerarios incesantes
De la curiosidad.

¿Ensimismado el yo? Mísero oscuro
Si no se lanza, libres testa y pies,   5
Hacia la realidad desconocida.
¿Qué es eso, más allá del calabozo?
¿Inteligencia y sentimiento fluyen
Con imaginación? Completo el acto.

TAMBIÉN OCURRE

El amor cristaliza en una forma,
La doble forma justamente opuesta.
Los dos felices cumplen con su norma,
La selva convirtiéndose en floresta.

Se consolida un fondo que resiste.   5
Nunca aridez. Pareja nunca triste.

Sensación de placer y de embeleso.
Un lúcido entusiasmo en la pareja.
Hombre y mujer se enlazan: sexo y seso.
La luz envuelve. Todo se despeja.   10

LO INDISPENSABLE

Sin un verdadero amor,
Sin un quehacer verdadero
La Historia no justifica
Nuestro paso por la Tierra.

ELLA, ÉL

Descansaréis en vuestro centro mismo

LOPE, *Rimas humanas* 1, I

1

—Venus da voz a ternura.
Yo te llamaré poeta,
En firme forma bien hecho.
Mi vaga ansiedad se cura
Del extravío sin meta,   5
El curso va por su lecho,
Y si al poeta corono
Con la más honda alegría,
Su propio influjo es quien guía
Mi fe, mi amor, mi abandono.   10

2

—Amor, tu amor
Me conduce hasta el ápice, me llena
De ser el ser con riqueza de mina.
Y tiendo mi esperanza,
Simple rumbo feliz   5
Por entre las concordias
Que somos ya nosotros.

3

—Te envuelvo en el cariño,
Te arropo en la caricia,
De adoración te ciño,
Tan muda la delicia

Por tensión inmediata   5
Que, discreta, recata
Su forma, ya interior
Al fervoroso rito,
Culto en que precipito
Mi amor,   10
El amor nuestro.

4

—Llegamos a ser,
Te busco, te encuentro,
Y de veras somos [16]
Centro, nuestro centro.

5

—Mi amor requiere tu amor,
La reina quiere al poeta.
Yo siento que este destino
Sólo a dicha me sujeta.

LA REALIDAD Y EL FRACASO

1

¿Soñó una falsa imagen de este mundo,
Y este mundo —sin culpa—
No coincidió con el error soñado?

Hubo algo más que una ilusión perdida.

---

[16] Según *O* y *EC*, debe sustituirse *de verdad* —versión de *B* y *V*— por *de veras*.

2

Sintió deseos nunca satisfechos.
¿Qué deseaba: gran amor, riqueza,
El saber, el poder, las elegancias,
Un dominio social, el gran renombre?
Le asaltaban deseos   5
Sensuales, muy precisos o muy vagos.
Exigía dulcísima armonía
Como en sus paraísos infantiles.
Y se lanzaba hacia la primavera
Con delicado cuerpo adolescente.   10

¿Qué sucedió?
¿Hubo persecución, enfermedad, miseria?
Jamás externos dramas.
Nos dijo: "Mi experiencia es un fracaso".
Un fracaso del mundo.
                        ¿No del hombre?   15

3

A pesar de victorias muy gozosas,
¿Por qué acusaba siempre?
¿Era siempre inferior la realidad,
Que al fin se le escapaba a su deseo?

Oscura tentativa   5
De quien consigue ser difícilmente,
Interna confusión contradictoria
Parada en este punto de impotencia,
Desazones del ser
Que lo es mal y poco.   10

¿Pecado original?
Boceto insuficiente.
Se prolonga una angustia
Suspensa en ese trance de fracaso.

SEGUNDA CARTA URGENTE

(Homenaje, "Carta urgente")

Como tú no te ausentas, yo te diré a mi lado
Mucho mejor en verso que sigo enamorado.
La vida cotidiana construye, no desgasta
Nuestro ser de pareja que va viviendo... ¿hasta
Cuándo? Pregunta inútil. No hay confín ya previsto.   5
Con anhelos comunes tú existes y yo existo,
Y pongo en la palabra "compañera" la esencia
De nuestra relación, que a vida nos sentencia:
Entrañable verdad sin vanas ilusiones.
No hay momento de error que tú no me perdones.   10
El mundo en torno se abre para nuestra avidez.
Viajes, países, libros gozamos a la vez.
A mi pluma el ambiente real no es ajeno.
La mañana a los dos nos dispone su estreno.
¿Soledades? Jamás. Un linaje rodea.   15
A todos nos aturde la universal pelea,
Y a este fervor tan íntimo le confieso: tú vales.
Hijos, Teresa, Claudio me son siempre esenciales.
Mi descendencia: nietos, biznietos, perspectiva
Feliz, las esperanzas en claridad, arriba.   20
Mientras, la Historia enorme nos colma con sus dones,
El horror, las proezas y siempre hacia un futuro
Que será extraordinario contra presagio oscuro.
"Irene" es paz. ¡Oh Paz! Mi voz mejor entonces.

RUMORES [17]

> *El dulce murmurar de este nido,*
> *El mover de los árboles al viento.*
> GARCILASO, "Égloga segunda"

Ese rumor tendrá también lo suyo:
Enigma con su hondura, su misterio.
Jamás de trascendencia yo no huyo:
El orbe guarda siempre un fondo serio.

CON ESPERANZA [18]

Crimen. Terror de masas. Humos, vahos.
Quiere imponerse un misterioso reto.
La barbarie es quien busca siempre el caos
De un poder absoluto al fin completo.
¿Otra vez? No.   5
Queremos, sí, cultura y libertad y convivencia.
Mientras tanto el supremo Viva el Rey:
La contradictadura.
Paz. ¿La destrucción de este planeta?
¿Somos cuerdos o somos tontilocos?   10
La vida es vida si es con esperanza.
El hombre tiene en mano su destino.

---

[17] Nuevo en *V*, por indicación de *CB* y *NP*.

[18] No se trata, en realidad, de un nuevo poema, sino de una refundición de dos epigramas suprimidos —II, 14 y 15, éste se repetía también en el "Epílogo" I— con cuatro versos de nuevo cuño: 9-12. El verso 7, en relación a *V*, corrige los dos puntos, tal como pide *CB*, colocándose al final del verso.

Jorge Guillén en los Estados Unidos, 1942.

Jorge Guillén, Pedro Salinas y Dámaso Alonso, en 1951.

HACIA EL FINAL

Llegamos al final,
A la etapa final de una existencia.

¿Habrá un fin a mi amor, a mis afectos?
Sólo concluirán
Bajo el tajante golpe decisivo.   5

¿Habrá un fin al saber?
Nunca, nunca. Se está siempre al principio
De una curiosidad inextinguible
Frente a infinita vida.

¿Habrá un fin a la obra?
                              Por supuesto.   10

Y si aspira a unidad,
Por la propia exigencia del conjunto.
¿Destino?
                 No, mejor: la vocación
Más íntima.

OLMOS

Juan Fernández contempla aquellos olmos.
—"Fernández" no podría ser su nombre.
¿Y no interesan más a los Supremos
Esas maravillosas criaturas
Que la legión sin fin de los Fernández?   5
¿No se merecen más la vida eterna
Que innúmeros varones diminutos?

Los troncos soberanos se mantienen
Con ramajes tendidos hoja a hoja.

AUSENCIA DE RUIDO

Una silenciosísima explosión
De luz en un instante.
                              ¿Qué? Relámpago.

Se suceden relámpagos sin truenos.

Esta ausencia de ruido da al fenómeno
Su hermosura sin mínima retórica.   5

CASTELLANA JUVENTUD [19]

¿Y yo, por fin, qué he de decirte,
En voto cordial, mi Castilla?
Que tu bajel no encuentre sirte,
Y que han sido una maravilla
Tanto generoso homenaje.   5
Y ya estoy llevando mi traje
Póstumo todavía en vida.
De mi profunda gratitud
Jamás hallaré una salida.
Mi castellana juventud: 10
¡Gracias!

[19] Poema ocasional, recogido en *V*, y compuesto en noviembre
de 1982.

PROFUNDA CARAVANA

Hombres hay que, valientes, competentes,
Se hunden hasta el fondo del océano,
Y regresan con vívidas imágenes,
Visible la negrura en movimiento.

Ese fondo de tierra permanece   5
Como un desierto que del sol no sabe,
Y por esa planicie silenciosa
—Mientras arriba se entrecruzan sesgos
Perpetuos y sin choques de los peces—,
Por tierra que no ha sido de ninguno   10
Desfila una muy larga caravana.
Son langostas. Incontables langostas
Con sus complejas pinzas —todo el porte
Rudimentario de organismos bélicos—
Avanzan por la paz de sus caminos,   15
Recto encadenamiento riguroso
De caravana larga para siempre,
¿Hasta dónde? ¿Quién guía? Las langostas,
Moviéndose muy juntas, sin tropiezo,
Se atienen a ordenanza sin ruptura,   20
Solitario negror, no azares torpes.
Fantasma independiente del espíritu
Se presenta a la vista de unos ojos
Asombrados —y casi anonadados
Testigos de ese mundo, sí, profundo.   25

DE LA VEJEZ

1

Esta falta de tiempo en los finales
Años... El hombre aún concibe y puede,
Realizar con la angustia de los límites,
Próximos, tan normales, tan inciertos.
Y su melancolía rememora   5
La infinitud del juvenil futuro,
De veras, sin querer, así sentido.

2

No se ve ni se siente viejo el viejo
Cuando prorrumpe de su ser un ímpetu
Que dispara sus labios y sus brazos.
Prosigue el yo de vida ahora joven,
No el de aquel mozo desaparecido.   5
He ahí los deseos —bajo tiempo
Que pesa.

3

"Las hijas de las madres que amé tanto
Me besan ya como se besa a un santo."
Y las madres también. Y yo las beso.
(En el fondo resalta puro un teso.)

4

Era un secreto regocijo límpido,
Era un gozo profundo que de pronto
Se me imponía muy incongruente.

Era la ingenuidad de una inocencia
Juvenil, sin querer tan entrañable,   5
En reposo quizá de una vigilia
Más bien tranquila. ¿Fábula es el tiempo?
Las edades resurgen, se barajan,
Laberinto vital.

5

Cansancio, gran cansancio de una Historia
Que monótonamente se repite
Con mucha pesadez.

Los muchos años ¡ay! se nos resuelven
En una perspectiva pesadísima.   5
¿Adiós entonces?
                    No, no. Esperemos.

MÁS NOCHES

1

Te contemplo dormida en propia hondura
Con manifestación reconcentrada
De tu vivir sereno bajo el cielo.
Un párpado palpita algún segundo,
Visible apenas el aliento rítmico   5
Dentro de una envoltura de paréntesis,
Tan remoto de mí: de esta vigilia
Que no percibe imagen de la muerte
Bajo el fervor de un ámbito ya a solas
Con su perduración enamorada.   10

2

Una noche más de sábado.
Habitación casi a oscuras.
Percibo en el techo claros
De luz. Sombras y figuras
A mi distracción de insomne   5
Dicen vida que circula
Por un silencio de calle,
Sobre sus horas nocturnas.
¿Quiénes, los protagonistas?
Coches gobiernan, alumbran,   10
Los únicos habitantes:
Astro que al cielo se junta.

3

Quedó, por fin, la noche ya muy alta
Dentro del gran recinto del silencio,
Que ya se abría a las constelaciones.
La mente era sensible —no el oído—
Interpuesto el atento que no duerme,   5
A la música astral que oyó Pitágoras.
El hombre, destrozado
Por el día y sus horas discordantes,
Hallaba salvación en el silencio.

4

Lado del corazón,
La sien sobre la almohada,
Suave representante de la tierra.
Desde su entraña, que es de madre siempre,
Yo me remuevo, me rejuvenezco.   5
Y cuando me despierte,
No he de resucitar.
(Nunca resurrección, sería mágico.)
Un sueño sin fantasmas
Me devuelve a la luz.   10

5

Entre edificios y árboles tranquilos,
De noche es todavía iluminada
Por luces de ciudad aún durmiente.

Arriba, por el cielo ya es de día.
El cielo es quien madruga, va delante   5
Del animal, del hombre, de la Historia.

31 DE DICIEMBRE

Con un pie en el año viejo
—Medianoche era por filo—
El otro pongo en el nuevo.
¿No quieren cantar los gallos?
Pues nosotros cantaremos.   5
Este paso de frontera
Da alegría de comienzo.
¿A dónde la vida irá
Por algo nuevo?

CERTIDUMBRE

Húmedo estaba el terreno,
Rocío de madrugada.
Se sentía la promesa
De una gloria en luces claras.
Sin mínima incertidumbre   5
La natura soberana
Rige rigurosamente
Con puntualidad exacta.
Tranquilo estaba el despierto.
¿Cuándo al hombre el sol engaña?   10

3

DRAMATIS PERSONAE

—De este nuestro tiempo horrendo...
—No olvides su variedad.
Alguien nos tiende la mano.

I

ESA CONFUSIÓN

¿Qué confuso laberinto
Es éste?
        La vida es sueño,
        Jornada Primera

1 [20]

MANERAS DE RESPIRAR

Varias son las maneras
De respirar en este nuestro tiempo.

En la libre corriente
De libertad y paz bien se respira.
Común el aire en que nos afirmamos   5
Cada uno entre todos.

Si nos domina a todos poderío
De Tirano o de Estado,
El Estado se impone como cárcel.
Experiencia de muchos.   10
¡Qué difícil pasar por la frontera!
Funcionó la razón, ahora dogma.
Teoría dogmática reprime,
Censura el pensamiento disidente,
Otra vez Santo Oficio, ya sin llamas.   15

[20] Los 30 poemas numerados que conformaban "Esa confusión"
en *B*, se amplían en *V* a 33 por exigencia de *CB* y *NP*. Nuevos
son el 21, 29 y 30. El 23 —en *B* 22— añade seis versos del "Epílogo" I suprimido. A partir del 21, la enumeración se modifica
de acuerdo con los poemas que se introducen.

Hay muy gentiles métodos científicos.
¿Y cómo respirar? Con gran ahogo,
A no ser que se mienta o se comparta
La brisa del Poder.

—"¡Yo quiero respirar!"

                              Unánimes pulmones. 20

2

Nuestros antepasados —homo sapiens—
Que configuran realidad humana,
¿Habrán cumplido ya treinta millones
—Ilustrísimos fósiles— de años?

Los bienes y los males se entrelazan,   5
Se abrazan, se desgarran, se destruyen
Según esfuerzo en ritmo casi lento,
Y —por fortuna— gradual a veces.
Modo cortés de la Naturaleza,

Y acaso de la Historia.
                              ¿Qué?
                              ¿Qué ocurre?   10

Con precipitación desenfrenada
La Historia es un deporte velocísimo.

Estupendo horizonte nuclear.
¿Vamos al Fin y sin pestañear?

3

¿Quién se preocupará del gran Diluvio
Si está en el Arca ya, y mano a mano
Con Noé, nuestro guía sempiterno?

Muy vano imaginar.

No habrá diluvio antiguo, sí campos concentrados.   5
El emblema total de nuestro siglo xx:
Un banco de sardinas concordes, bien unidas.

4

Y muchos habrán sido asesinados
          En el día de ayer.

Y muchos morirán de violencia
          Por azar, por quehacer.

          La vida   5
¿No vale siempre más que el homicida?

5

Nuestros cruzados de la causa,
Energúmenos de la fe,
Luchan sin descanso ni pausa.
Siempre será lo que ya fue.

6

¿Quieres ser un gorila sin pasado?
No pierdas la memoria, viejo bípedo,
Que se te va a escapar tu porvenir,
El más interesante.

7

—Nos hundimos en caos de agonía.
—Le respondí: No tanto.
No, no. Quedan negocio y tiranía.

¿Un solo abuso enorme? ¿Quién lo puso
Todo revuelto y sin cesar confuso?   5
¿El hombre nace en el abuso infuso?

8

Mi amigo me contó lo sucedido.

"Eran las once de la noche, calle
Principal. Yo me paseaba, solo.
Al llegar a una esquina, de repente
Se me precipitaron unos jóvenes   5
Contra mí. Ya en el suelo entre unos pies,
Sentí golpes, acosos. No veía.
Uno, feroz, me pateó la cara.
Ay, sufría. Por fin, un transeúnte,
Cortés desconocido, muy amable,   10
Me llevó a un hospital que estaba cerca.
Sanguinolento un ojo, nariz rota."

Yo escuchaba, furioso ante el escándalo
Con una indignación que no termina.
¿Las intenciones? Nos importan poco.   15
¿La violencia actual, que nunca cesa?
Ninguna explicación a ningún público.
¿Qué fe conduce a tales ejercicios?
¿Es el terror por el terror salvaje?
Criminal atropello. Privilegio   20
Del joven corrompido.
                                    ¿Y por quiénes?

9

Cambia el vivir por fuera, el aura de la época,
Edificios y trajes, ceremonias, comercios.

¿Cambia el íntimo impulso que mueve las acciones,
La pasión del poder con su rigor de crímenes?

¿Odios, celos, envidias, alegrías, amores   5
En los hombres mantienen su intimidad análoga?

10

Desorden, baraúnda, batahola,
Algarabía, confusión, estruendo,
Discordancia, discordia, maremágnum
Van siendo palabrejas importantes
Para evocar el Lío en que vivimos,   5
Lío que se nos ciñe,
                    nos aprieta,
Nos ahoga,
             nos borra.
                   No. Silencio.

11

Asentó su poder
Sobre el asesinato
De muchos, muchos hombres,
Y siguió como déspota.

Ningún remordimiento.   5

Se mentía a sí mismo,
Tragaba sus embustes.
La corrupta conciencia
Lo deformaba todo,

Cloaca de autoengaño repugnante.   10

12

Los colaboradores del gran Jefe
Cometían muchísimos delitos.
El jefe estaba arriba, puro, solo.

Recordemos el más hermoso nombre
De ese motor de Historia represiva: 5
Tirano,
                    delincuente soberano.

13

Libertad: un gran orden que permite el desorden.
            ¿No es la amplitud humana?
Dictadura: desorden que no permite el orden.
            ¿Paraíso? Mañana.

14

            El país sin varios modos
            De pensamiento persiste,
            Acordes en suma todos.
            Falso, bruto, necio, triste.

15

            Sonora confusión
Mezclaba vozarrones de gritería densa.
            Hubo una breve pausa.
Imperó un equilibrio sin explicar su causa.
            Y se extendió el silencio   5
Como una merecida recompensa.

16

Exterminio en Auschwitz

I

Ese máximo crimen de la Historia europea,
            Un fondo irracional que ya es locura,
Se mantiene ejerciendo la razón razonante
            Con gran embriaguez: asesinatos.
Se cuentan por millones los del todo difuntos: 5
            Máximo crimen de Historia europea.

II

Estos mediterráneos mozuelos
No creen en aquel horror de Auschwitz.
Víctimas son de sociedad corrupta.
¿No mata? Continúa corrompiendo.

"Mi juventud... Fue juventud la mía."   5
¡Con el error tal mocedad se alía!

Hay quien se salva. Valga la esperanza.

17

En esta sociedad tan relajada,
Fácil, fútil, confusa, rica, mísera
Jamás se logra un absoluto caos
Bajo tantos estrépitos y máscaras.
Hay del óptimo al pésimo niveles.   5

Todo forma una historia: los gritos del mercado,
Carruajes incesantes...
                        (Hay transeúntes buenos,
Alguno encantador.)
                        Y todo en un tumulto
Que extenderá sosiego,
                        muerte, bendito indulto.

18

                                    9 de mayo de 1978

Ante la muerte de aquel hombre hundido
—Crimen tan preparado y tan sonado—
Como a Unamuno le dolía España,
¿A quién no dolerá, si no está ciego,
Esta época infame, nuestra época?   5

19

—¿Por qué serán los hombres hoy tan brutos?
—Ninguna novedad. Lo fueron antes.
Medios de anulación tan fuerte había
Con furia de poder o de negocio.
Siempre Caín. —Y siempre Abel, su hermano.   5

20

Una palabra lo unifica todo.
        ¡Negocio!
Negocio entre las nubes o en las fábricas,
Negocio de Individuo, del Estado.
El planeta se llama hoy "Negocio".   5
        ¡Negocio!
Privilegio de alguno: no ser socio.

21

Un galardón caído de los cielos,
Esos tan generosos con el hombre,
Sorprendido, feliz, ruborizado...
¿No será peligrosa tanta suerte?
El poeta se yergue agradeciendo   5
La grata coyuntura de la Historia.
Ya sonarán fatales confusiones.

22

I

La suprema concentración
Nos pone frente al Absoluto.
Se dice, concisión tajante:
Les affaires sont les affaires.

II

Y sin instancia superior,
Dentro queda toda la época,
Todo el Oeste, todo el Este
Con su vigor y con su error.

III

Se yergue la frase en la fuerza
Que comprende toda la Historia
Con alcance maravilloso:
Les affaires sont les affaires.

—¿Es total la concentración?   5
—Hay resto apenas.

23

> *Ce sont les dernières conséquences
> du néolithique.*
>
> HENRI BREUIL

Y pensar que estas varias sociedades,
Radical existencia novedosa,
Van emergiendo torpes todavía
De un mundo "que remonta al neolítico". [21]

Son todavía muy preliminares   5
La Sociedad, el Hombre, los Estados.
Hay pasiones, conflictos, argumentos
Que sin cesar repiten sólo un drama.

Monotonía, sí, preliminar.
Preliminar ¿de qué?

[21] Debe recuperarse, según *CB*, la separación estrófica a partir
de los versos 4 y 8, y que *V* omite.

A su nivel más tosco [22]
Este país es una trinidad:
Un ejército, clero y las políticas.
¿Y todo en decadencia se resuelve,
Y quizá destrucción, civil la lucha?   15
Al margen, por de pronto, los mejores.

24

Se afina en el silencio de la noche,
En sus más altas horas,
La audición de un transcurso delgadísimo
Que es tiempo
Personal, general, universal,   5
Casi una sensación
De espacio,
Un espacio infinito:
No cabe en nuestra mente humilde y firme.

25

La tertulia de las estrellas
Me acompaña con sus fulgores
Sin festejos, una tranquila
Reunión que me augura albores.

26

El sol es un compacto globo rojo
Cara a cara. No quema ni deslumbra.
Es nuestro soberano muy puntual.
Todos somos solares criaturas.

[22] Hasta su redacción definitiva en *V*, este poema, que tituló en *NP* "Lo peorcito", tuvo dos versiones. La primera coincide con el *Epílogo* I de *B* en los siete primeros versos. La segunda suprime el verso 6 —¿*Nada más?*—. Por último, en *CB* se sustituye *anarquía* por *las políticas,* el verso 6 del *Epílogo* I desaparece definitivamente, y se desplaza la interrogación a los versos 4 y 5 —*V* 14 y 15.

27

Del homenaje a Pablo Iglesias

En estos años de tormentas
—Ambientes, pasiones, políticas—
Las historias son violentas
Con imaginaciones míticas.
Un don generoso y magnánimo   5
Se desborda y siempre con ánimo.
Esa ya intuición de utopía
Con gran apertura se extiende
Por un aquende hacia un allende
Que hasta la tierra soñaría.   10

28

No se tolera nunca al disidente,
Solo emisor de una opinión sin bulto.
¿No será el homenaje de las armas
Al débil Pensamiento desarmado?

29

"El Ejército al poder", [23]
se lee en una pared.

Nada nuevo habrá que hacer.
La evolución detened.

Deseo de minoría.   5
¡Si una Inquisición habría!

[23] Titulado "Golpe" en *NP*, guarda relación temática con el 30
—nuevo también en *V*— y que tituló "Pesadilla".

30

Hubo de pronto algo salvaje un día.
¿En la Historia de España? ¿Qué ha ocurrido?
Violencia brutal y su fracaso.
Hubo después aclaraciones, torpes,
Que intentan ser jurídicas. Bochorno.   5
Los procesados logran demostrarnos
Su condición vulgar irremediable.
Hay, por fin, más bochorno, más fracaso.
¿O será esto un sueño pesadísimo?
¡Qué pesadez total de pesadilla!   10

31

—¡Oh Régimen!
Régimen laborioso, muy difícil,
Siempre todo imperfecto y modestito.
—¿Nada más democracia? —Nada menos.

32

Esos retornos cíclicos en la Historia del hombre
Sólo acaso persisten en la Naturaleza.
¿En nuestra historia humana habrá repeticiones
Semejantes? Con sorpresa animosa
No todo nos conduce siempre a inútil   5
Redundancia, sólo desesperanza.

Visión de decadencia. Desenlace: fatiga
Senil. ¡Jamás!
Vida con su esperanza indestructible.

     Una variante del refrán: 10
     Quien espera no desespera.
     La Historia es el más largo afán.

33

¿Lo que más me ha importado?
Lo veo claramente:
Entusiasmo, fervor
En las privilegiadas ocasiones.

Saliendo de lo oscuro,   5
Me invade realidad que me apasiona.
El mundo iluminado
Me suscita visiones muy atentas:
Objetos y paisajes,
Figuras de amistad,   10
La creación de tanto esfuerzo humano.
Y algo más, mucho más:
La suma relación favorecida.
¿Y cuál podría ser sino la amante,
La amorosa del todo   15
Futuro imprevisible?

Por entre los deberes solidarios
Que se ahondan en nuestros sentimientos,
Feliz este entusiasta fervoroso
Si llega a plenitud   20
En el amor —¿fecundo?

EN SUMA

I

Esos extremos revolucionarios
De caóticos jóvenes estúpidos
Conducen sólo al caos más nefasto.
La ineficaz idea corrompida,
Revolución que no revoluciona,   5
Terminará en tiránicos poderes.

Mística decadencia en pos de Nada
¿No es el Supremo Error? Sin forma: Caos.
—¿Qué opina usted?
                              —Me opongo, sí, disiento.

II

Parto de la salud, que es un instinto
Vital, que va hacia vida rectamente.
La vida así normal.
                              Escucho ahora
La armonía del ser que quiere y busca
La plenitud del ser con entereza,   5
El amor, la amistad, la paz del mundo.

III

¿Y si surge la crisis?
                              Grito entonces,
Arrojo mi clamor, mis diatribas,
Sin jamás aguardar el paraíso
—"Oh, nuclear", la bestia inmunda ruge.
¿Me ha de envolver suicidio colectivo?   5
Pues conste ya mi indignación de víctima.

IV [24]

—*Metafísico estáis.*
                              —*Es que no como.*
      Babieca, Rocinante

—Pedagógico estáis.
                              —Es que yo como.
Nunca en desesperanza me extravío.
Armonía del Hombre con Natura.

[24] Proviene del epígrafe inicial del "Epílogo" en *B. CB* dispone
su inclusión aquí y suprime la preposición *a* —*Babieca a Rocinan-
te*— por una coma, aspecto que se elude en *V.*

II

FUERZA BRUTA
1973 [25]

Guarda tu luz, oh patria, mantén
tu dura espiga de esperanza en medio
del ciego aire temible.

PABLO NERUDA, *Canto general*

[25] Dato cronológico alusivo al Golpe militar chileno, que no contempla *B* y requiere *CB*.

1

La vida poco importa sin allende.

El Primero es honesto, más, heroico.

Oposición. Ni guerra. Gran matanza.

Todo se hunde en criminal aquende.

2

¿Guerrero? Policía:
Contrarrevolución.
Hoy nada se ha perdido
Excepto aquel honor.

3

La vida tiende a trascender la vida:
La creación es eso.
Atroz llegada al punto de partida:
Exacto retroceso.

4

La fuerza bruta es tan bruta
Que pesa sobre el opreso
Con una gravitación
Que parece gravedad
De carácter —con su ética,   5
Y no es más que pesadumbre
De brutalidad en bruto.

5

Se intenta una reforma con un rigor de leyes.
Surge el drama, la pugna.

Se opone el poderoso.
Hay nueva producción en muchas fábricas:
Prisiones, cementerios.   5
Triunfan los más brutales.
Se ha llegado a bestial, a máxima injusticia.

6

Horror del cataclismo que pretende ser justo,
De esa ficticia cólera calculada a mansalva,
Horror del atropello que aspira a ser augusto,
Del falso desenlace que del mal no nos salva.

7

El orden se levanta
Sobre una firme planta
De terror.

Hecatombe, cien bueyes, muchos hombres.

Sí, tengo mucho miedo.   5
Todo te lo concedo,
    Gran terror.

Hecatombe, cien bueyes, muchos hombres.

Dios y su Economía
Se salvan por la vía   10
    Del terror.

Hecatombe, cien bueyes, muchos hombres.

8

Esos intrusos, ay, los más remotos,
Saben rendir callado acatamiento
A los Grandes Señores Materiales.
Y el poder retrocede hasta su origen
De muy profundo abuso.   5

9

Es la gigantomaquia de los pánicos.
Caen del cielo jefes sin ideas,
Arcangélicos Hércules hispánicos.
Mortal: ¿es eso lo que tú deseas?
Profesionales de la fuerza bruta   5
Recubren el país con dolo y crimen. [26]
Hombres hay que se quedan sin su ruta
De vida. Los sepulcros se suprimen.
¿Y tú no te rebelas?

[26] B: *Recubren el país con dolor y crimen.*

10

Los vocablos son ágiles, flexibles,
Son tornasoles, son reverberantes.

         "Operación de limpieza."
Eso quiere decir exactamente:
         "Asesinatos en masa."   5
Crimen de sangre, crimen de lenguaje.

"Libertad ¿para qué?" repite el eco.
¿Justicia? Pensamiento subversivo.
Hermosa es esta paz al sol poniente.

11

¿Qué llevará el poeta al Dios eterno?
Pregunta voz dogmática.
¿Cómo presentarán estos caudillos
—Pregunta un caminante—
El Haz de muertos al gran Juez del cielo?   5

12

Tan fuerte es esa fuerza
Que hasta la aplauden muchos casi buenos,
Y su debilidad —en suma— cómplice
Se agarra al gran Poder ya con su Pompa.
El pavor general   5
Acaba por hundirse en el silencio.
Abajo el Gobernante de la Ley.
Sin luz el gran Poeta,
Que hasta se llama Pablo.
La fuerza bruta, sí, la fuerza bruta   10
Va ahogando, torturando, destruyendo.

Flotante, siempre activa la esperanza.

III

EPIGRAMAS

I

En esta habitación de madrugada
Nos invade la tierra prometida.
Es ella quien sojuzga al tenebroso.
No hay voluntad de noche que perdure.

No emerge el sol como visible esfera.
La luz se infiltra en las tendidas nubes
Que ejercen las funciones de la aurora
Mientras cambia el color con sus matices,
Vibrantes como rojos, como rosas,   5
Violetas, morados, escarlatas
Bajo el más alto azul central del cielo.

Algo autónomo, lo sé,
Se agita dentro de mí,
Influye en razón y en fe,
Lanza su quiquiriquí.

Es envidioso y casi es impotente. [27]
Vive en contradicción consigo mismo:
Detesta lo que admira fatalmente.
Una trágica historia en propio abismo.

En jardín de primavera
Se han estacionado cuervos
Con sus carraspeos siervos
De máquina. ¡Basta, fuera! [28]

La vida, bien vivida y entendida, [29]
Si se resuelve ya serenamente,
No nos deja sabor del todo amargo.
Se va oyendo un rumor. La vida es fuente.

Los patos en masas de vuelo
Con seguridad de pilotos,
Partiendo del Norte y su hielo,
Buscan esplendores remotos.

El recuerdo de aquel amor
Tan intensamente feliz
Conduce hasta la remembranza
Por maravilloso desliz.
Mi memoria nunca falaz   5
Mantiene el amor faz a faz.

---

[27] En la fe de erratas de *B* este epigrama fue sustituido. Por indicación de *CB* reaparece en *V* y se suprime, en consecuencia, el
epigrama equivalente: *Envidioso impotente.*

[28] *CB* y *EC* coinciden, insistentemente, en la supresión de los
dos versos estróficos que remataban este epigrama en *B. V*, inter-
pretando rigurosamente la versión de *O*, mantuvo ese final que
ahora, tras minucioso estudio, se omite.

[29] Se ubica en el lugar dispuesto en *CB*.

Aniversarios, coincidencia
De tiernas fechas recordadas
Con ternura a la vez esencia,
Perfume y ya cuento de hadas.
En la memoria casi todo.
Árbol frondoso. Yo no podo.

Muy docto: siente la vida
Con palabras. Mal se entera
Si por el aire le invade
Sin textos la primavera.

"Libre pero no trivial."
Sea el primer mandamiento
De la vistosa moral.

Cara a cara,
Sólo vista,
Nuevamente
Me conquista
Que tú seas tú.   5

Una conciencia siempre rigurosa
No concibe ese gozo del momento
Que nos brinda su encanto porque sí,
Por eso convincente.

—Antes causa, después efecto.
—No. Todo a un tiempo en golpe recto.
—¿Obra es Autor? —Doña Materia,
Una gran señora muy seria.

—¿Qué ves allí?
—Veo las torres de la catedral.
—¿Tu mirada altanera no distingue,
Lejos, allá,
Iglesitas románicas, preciosas?   5
—Arte menor.
(Miserable mirada panorámica.)

    Esa tortuga de semblante anciano,
    Bajo el caparazón tan abrumada,
    Avanzando por tierra con esfuerzo
    Retorna algún buen día a sus orígenes,
    Y corre por el mar, resbala, vuela,   5
    Muy flexible, muy leve, sutilísima.

"¿Mi mejor hijo?" Sentenció el gran hombre:
"El arrepentimiento de mis hijos".
Fue una frase de veras increíble.
Hinchado el yo por entre sus botijos.

¿El superhombre?
Designación hipócrita de un dios.
—¿Hombre divino?
—Quimera de humildad en el orgullo.
—¿Y quién quieres ser tú?   5
—Hombre. Y nada más. Y ya es bastante.

    Voz de pérfido cobarde.
    Coz de bruto analfabeto,
    Hoz para cortar cabezas.
    Voz, coz, hoz: gran dictador.

    Está el Doctor ante el Cliente
    De manera absolutamente
        Profesional.

No hay gesto con bondad sobrante
Ni una sonrisa por delante   5
            De algún "¿Qué tal?"

Es muy severo
            Don Dinero.

¿Bestezuela disparatada
Sería el artista genial
Que se dirige hacia la nada?
¿Es sagrado lo irracional?

Viernes Santo. Gran luto.
Dijo un sabio de Oxford:
Nunca, nunca jamás
Envenenéis a Sócrates,
Crucifiquéis a Cristo.   5

Un placer. Y viviendo irrumpe y rompe
Su concentrada masa de energía.
O algún placer en sueños. O en acciones
De escritura o pintura. Con el leve
Toque de la mirada a la belleza   5
Transeúnte. Se busca siempre, siempre.

    —¿Escribe usted todavía?
    —Pues... esta misma mañana.
    —¿Por costumbre, por manía?
    —Vocación es más que gana.

Los impulsos valiosos de los hombres
Son amor, amistad, admiración.

Sin estos tres impulsos,
La condición humana más común,
Todo es superficial.   5
Condenó al hombre Dios a tales superficies,
Verdadero pecado original.

Esos amigos son superficiales.
¿Amigos? ¿Literatos envidiosos?

Digo que el viento en las ramas
Es un esbozo de orquesta,
Que ese profundo arbolado
Se prolonga en alameda
Con penumbras, con silencios,   5
Paseantes sus parejas,
Tal vez algún solitario
Que a sus recuerdos se entrega.
La hora es entonces curso
Que fluye pero se queda   10
Condensado por las almas
En ritmo de vida intensa.

Yo lo vi, no lo soñé,
A no ser en estas letras.

Desfiles, naves, despilfarros.

Los pasos avanzan sumisos, precisos en acto
De bélica paz.
El humo, los humos escapan de las chimeneas
De una vanidad.   5
La firme amenaza promete con lujo de muerte
Victoria total.

Trágicos despilfarros.

Vida privada en decadencia.
Frenesí de la exhibición.
Se complace el hombre en ser público.
Ah, que se descorra el telón.
La fama es un ruido muy tosco.   5
Ellos dicen: "En él me enrosco."

    Así voy, paso a paso.
Con tranquila cautela mesurada,
    Frente a frente al ocaso,
Hacia la tierra —para el muerto nada.

La noche va pasando lentamente.
Se desgrana minuto por minuto
La procesión del implacable tiempo.
Una profundidad de noche inmensa
Me recoge y protege silenciosa.   5
Las estrellas están, aunque se oculten.
Gran pausa humana circular me envuelve.
El futuro insinúa días largos,
Fugitivos, difíciles, inciertos.

Armónico tal hombre, se durmió.   10

II

Me despierto. Me zumba en los oídos
Un gran rumor del cielo y de la tierra
Como si hubiese el más solemne fondo.
¿Al mundo así con ilusión respondo?

Una sola gaviota ha madrugado,
Y nadie sino yo contempla el vuelo
Que va cruzando espacio silencioso.
Pura amplitud en soledad alzada
Sobre instante libérrimo, bellísimo.   5

¿Es una vida muy superficial?
Constante exhibición irá extendiendo
Las superficies sobre superficies.
Y si quizá se mira en el espejo,
¿Honda la imagen? Apariencia vana.   5
Jamás la vida es sólo superficie:
Un camino muy serio hacia la muerte.

"Elitista", palabra obscena.
La selección de los mejores,
O sea, de los creadores,
¿Va a la picota, suma pena?

Avance siempre la liberación
De los errores y las injusticias,
No de la calidad.
                    Que nunca pierda
Su nivel de valor lo que salvemos.
¿Un amor? Con amor. Jamás trivial.   5

Tiernamente le amaba con su boca
Tenaz.
        Sentía él su dicha tensa
Como si se cumpliese su destino.
La mente desde el cuerpo así lo piensa.

> *Luego la hermosa presencia del mozo*
> *arrebató la vista y aun los corazones de*
> *cuantos le miraron.*
>
> *Persiles*, I, XXII

Difícil entender a los anómalos,
Habitantes de un mundo diferente.

¿Hay perseguidos? Todos se levantan
Con la solemnidad de un privilegio.

Dante y Balzac conocen ese drama,   5
Si hay caso marginal, así se llama.

—Somos nosotros siempre superiores.

Lo peor del anómalo inocente:
Las pretensiones siempre muy didácticas.

    Intolerante violento:
    ¡Cómo se te ríe en las barbas
    El vivir, infinito intento!

    Impotencia con envidia,
    Y sin ningún más allá.
    El amigo miserable
    Por fin nos traicionará.

    En su sitio cada uno.   5
    ¿Y dónde quedará el tuno?

    Júpiter tunante.

El colibrí voló por luz de junio.
Apenas suena el agua en movimiento.
Cruzó una mosca muy modestamente.
Poco decía, juvenil, un álamo.
Se hallaba todo en quicio de minuto.   5

El viento sacude las ramas
Con violencia tan sañuda
Que las siento sufrir los dramas
De la criatura desnuda.

Ocurre con frecuencia.
La conquista amorosa corre a cargo
De la mujer en nuestro tiempo. ¡Libre!
Es ella quien invita, sonriente,
A su galán a un buen diván de escena.   5
¡La escena del diván!

Jazmines ya marchitos.
Pétalos en el agua.
Y se eleva un olor tan hediondo
Como el de los cadáveres,
Ya putrefacto el muerto.   5

Ya la señora estaba agonizando. [30]
Su confesor la ayuda a bien morir.
—Debe estar muy tranquila.
Nuestro Señor con los brazos abiertos
La acogerá en su gloria.   5
¿Temores? No hay motivo.

Por fin,
Dijo la vocecilla moribunda:
—Sí, sí, pero como en casa... en ninguna parte.

¡En casa! En este planeta.   5

[30] Titulado en *NP* "El mejor cuento de la tradición", sustituye, por indicación de *CB*, a los dos epigramas integrados en el poema "Con esperanza" —nota 18.

La marea ha llegado a ser tan baja
Que nos descubre su pobretería:
Escasez casi inmóvil del harapo,
Hierbas, piedras, residuos...

                No, no es eso.
Tu ritmo es inmortal retorno ileso.   5

     La relación con el muy próximo
     Se me oculta, se me desvía,
     Se me trueca en abstracto prójimo.

        Serena voz de ciencia
        Nos ofrece verdades
        Sin tono de absoluto.

        Con ínfulas de ciencia
        Nos arrojan verdades   5
        Como puños. Boxeo.

        Ese tono... ¡Cuidado!

Anteriores analfabetos [31]
A la antigua Roma latina
Asesinan con ciega inquina:
Son ya los bárbaros completos.

Agosto: calor y mar.
Ocio más se ahonda en viaje
Al ser domina el estar.

[31] Inédito hasta *V*, ocupa el orden asignado por *NP* y *CB*.

Gentil mujer: bien te compones.
Ideas claras y distintas.
Pecho en dos firmes agresiones.

      Esa tensión de placer,
           Qué derroche.
      Todo quiere ya ascender
           A la noche
      De inocencia en su secreto.   5
      Dicha es todo, ningún veto.

Sobre el océano en tiniebla,
Dentro de noche sin clausura,
La energía humana volando
Niega la suerte y la aventura.

La Historia nos suena al fin a vulgar [32]
Sainete —a la vez tragicomedia.
Y sus personajillos, con desplantes
De payasos. Y la fuerza con armas
Quiere el poder, quisiera ser eterno.   5
La peor tradición: el Vulgo es Vulgo.
Abajo los peores,
               los pésimos,
                      los ínfimos.

¿Guerra en este planeta por medio de satélites?
Sumisos a los mandos de los grandes países,
Satélites espían. Bélicos, se destruyen.
¿Los crímenes políticos llegarán a ser cósmicos?

[32] En *NP* tiene como título "La peor tradición". Su versión definitiva —en *V*— difiere de la primera en el verso final: *ínfimos* en lugar de *mínimos*.

Cuánta sociedad clandestina,
Cuánta frente meditabunda
Prepara la acción asesina
Que a un sistema abstracto se suma...

¿Necesidad en orden o Azar en juego triunfa?
Esas dos relaciones persisten, misteriosas.
Mientras el mundo crea, se re-crea jugando.
Nuestra imaginación se mueve entre las cosas.

—¿Hasta cuándo, Señor de todas las milicias,
Serás encubridor de tantas injusticias?

—Dios deja al hombre libre sin hisopo, sin sable,
Autor de propia historia, único responsable.

Hay quien a Dios le pone muchos peros.
Yo, menos. Aunque digan lo que digan,
El universo es quien "está bien hecho".

Esa creencia en la Resurrección...
Me lo explicó un creyente.
—¿Y la famosa "cuarta dimensión"?
—No la entiende mi mente.
—Einstein ha sido un sublime Colón.   5
—En tal magia no puedo hincar el diente.

Cumpleaños, gran victoria.
Es inútil predicar,
Nietzsche, "¡Vivid en peligro!"
Vida es riesgo en tierra y mar.

Mis ojos rehicieron la tiniebla
Sin confusión, monótona, nocturna,
Y esperé que al dormir se rehiciese
Todo el silencio en que la tierra turna.

III

Amanecer.
Hermoso gato negro se desliza,
Se afirma bien, observa,
Le conviene sumarse a la jornada.

(JARDINES GRISES DEL OESTE)

No hay nadie en esta plaza que es Jardín.
Este silencio no es interrumpido.
Una atmósfera nítida se ofrece
Como un entero bloque indivisible
Con su pausa de calma entre moradas   5
De concordes durmientes. Olmos reinan.
Pasó la aurora. Vibra tiempo firme.

Me gustaría dormir
Un poco más todavía,
Dichoso como un emir
Con mando en Andalucía.

Los recuerdos de la niñez...
Y nostalgia con extrañeza.
Algo ajeno y mío a la vez.

Hierba, prado, bosquecillo,
Con natura me gobierno..
Basta un olor de tomillo
Para que me incline, tierno.

—La furia del Poder y los Negocios
Destruirán la vida en el planeta.
—Historia imprevisible. Nadie sabe.
Sin empleo, ya arcaico el de profeta.

Llovía con vigor y no con furia,
Propósito muy firme ejecutando,
Llovía sobre el mar, sobre la tierra
Según estricto ritmo perfectísimo,
Llovía obedeciendo a los mandatos   5
De causas que conoce el meteorólogo.
Llovía quien llover muy bien sabía.

El mar reverberaba allá en el fondo.
Había ya jazmines agresivos.
En balcones sonaban clarinetes.
Todos los mozos eran ya barbudos.
No había día sin asesinato.   5
Magnífico, perfecto ya el boato.

Nos dice un refrán odioso,
Feroz: "Más vale lo malo
Conocido que lo bueno
Por conocer." Mucho pánico
Yace en esa tradición: 5
Pánico a la vida misma.

Decadente exquisito.

Ese que necesita
Como sabrosa cita
Dar al vivir ya muerte:
Drama que le divierte.   5

Pedante.
       No ve más allá
De sus narices económicas.
La vida
       se le escapará.

Verso libre, verso libre
Con dictadura imperial
Va a imponer a esos vates
Que ya no saben cantar
Con ritmo y rima.   5
Hay poesía que ya
Se somete,
       cabizbaja...

La soltura se vuelve desparpajo.

El desparpajo es ya desfachatez.

Así se llega al sumo desenlace:
La vida es heces, heces, nuestra hez.

—Es pintor-policía. Policía:
Muy bien tortura la figura humana.
—¿Al servicio de alguna tiranía?
—Un lujo inútil que adefesios mana.

Vivir es un apego involuntario,
Vital —¿A qué? —A lo que ahí se extiende.
—Vivir...
        —No es necesario que razones:
Un dominante sí por entre nones.

El otoño —matiz para el maduro—
Propone siempre una estación serena,
Aunque sus amarillos ya mortales
Impulsen a monólogos de pena.

—¡Cuántas señales de fama!
—Siempre signos son inciertos.
Fama, fama, móvil llama
Que alumbra en torno desiertos.

Hay religión si considero
Mi mundo real de vida a muerte.
¿Qué será el fondo verdadero?
¿Mi espera en qué fe se convierte?

Son esenciales las funciones:
Paternidad, maternidad.
Es de veras vida profunda,
Jamás, jamás superficial,
Instintiva con sentimiento,   5
Placer, dolor, vida total,
Vida, vida, vida triunfante.

Se cree que la enorme extensión inconcebible
Del mundo con sus mundos
Culmina en un planeta favorito
Del Azar, de Fortuna, de los Dioses:
La Tierra, el único lugar privilegiado   5
Con la voz de animal muy elocuente,
Rey de la Creación. ¿Rey de sí mismo?

A los cielos gusta la palabra santa
        Que del alma brota.
El placer de oírse loar no se agota.
        Voz humilde: canta.

Se llega a increíbles extremos.
¿Serán capaces los humanos
De hacerse polvo, juntos, memos?

        Una frente lo piensa.
        Una mano asesina.
        "Ajusticiar", palabra
        Que a su horror ilumina.

UNA VOZ

                        (ADIVINANZA)
                        ¿De qué países? [33]

        Aquel General
        Cuánto asesinaba,
        Y qué bueno era.
        ¡Gloria a mi país!

Adición interrogativa proveniente de *CB*.

El secuestro es maravilloso:
Aventura, crimen, justicia,
Revolución por seria causa,
Delito vulgar. ¡Qué delicia!

Gran poeta pero mal bicho.
Es infalible lo bien dicho

Y lo peor: era ya un dios.
Atroz, atroz, adiós, adiós.

¿Pena de muerte? No.
                              Yo no discuto.
Es crimen absoluto.
Que el sofista se alíe con el bruto.

                    Ascensor,
            Capacidad máxima:
                    Ocho personas.

                    Tirano.
            Capacidad mínima: 5
                    Medio millón de muertos.

Elementos de toda dictadura.

Bases: el homicidio y la mentira.
Matar, matar, matar, seguir matando,
Mentir, mentir, mentir, seguir mintiendo.
Imposible cualquier criterio crítico.   5

Santa voz: la verdad os hará libres.

Todo el país padece un hondo pánico.
No se atreve a ensayar a ser moderno.
Ay, con tanto remilgo y fuerza bruta
¿Logrará mantener su propio infierno?

                    IV

        Amanecer de diciembre.
        Gris claro, cielo muy alto.
        Un horizonte rojizo
        Precede al sol no llegado.
        Noche con luces eléctricas   5
        Por calles sin nadie abajo.

        Amanecer en capas simultáneas.

                Entre el rojo y el dorado
                Me afecta como un valor
                El regreso del albor
                Con su mundo revelado.

Mi reloj va despacio, madrugada,
Por esta sucesión de los minutos,
Pacientes avanzando en duermevela.
¿Será el tiempo invención de cada espíritu?

Quien inventa es el rayo de la aurora,   5
Decía y siempre dice aquel soneto.

        Sangre en la pedagogía.
        "La letra con sangre entra."
        Entonces la Historia guía.

Yo la llamaría Laura.
Es nombre de tal potencia
Que transforma la presencia:
Todo un encanto se instaura.

Llegó a vivir amor intenso y largo,
Y también lo expresaba en poesía.
Amor de calidad, poema acorde:
Gran fortuna en la humana lotería.

¿Será el mundo tan pobre
Que no me ofrezca nada?
A un instante muy árido
Visión es quien lo salva.
Es imposible el tedio,   5
Su vacío.
            ¡Palabra!

Uno dijo: "Me duele España."

"Me cansa España", otro dijo.

Y más cada día me extraña
Que soy con más amor su hijo.

GALERÍA DE ARTE

Volumen muy caro y bello.
Y casi casi no se le
Lee.
        Se toca, se huele.
Ya un snob aguza el cuello.

Nos dicen sumos sabios: "vida es química,
Proteínas, albúminas, etcétera,
Que deciden la acción más trascendente".

La vida grita: ¡química, mi química!

TODOS O CASI TODOS JUNTOS [34]

En muchos medios comunicativos,
Periódicos, televisiones,
Se dan noticias de todo el planeta,
Oriente y Occidente, Sur y Norte.
La novedad del día   5
Puede venir de lejos, de salvajes.
En equilibrios internacionales,
¿Qué fuerzas ya no influyen?
Periodistas invaden,
Y con cierta arrogancia,   10
los rincones más íntimos.
Consecuencia, ¿la gente va entendiéndose?
¡Quiá!
Gobiernos hay potentes,
Y con más ansia de poderío.   15
¡Cuántos negocios van entrometiéndose!
Hay locos que ya sueñan
Con la universal destrucción de todo.
¿La Tierra es un estúpido planeta?
Esto va fortaleciendo mi esperanza.   20

[34] Por su temática, tiene correspondencia con la sección IV de
epigramas con título, tal como aparece en *V*. Fechado en Málaga
—*Jueves Santo, marzo 1983*—, los versos 15 y 18, según *NP*, aportan las siguientes variaciones: *Y siempre con más ansia de poderío;
Con destrucción de todos.*

ÉL CON ELLA

—¿Tus labios y mis labios?
¿Recuerdas? —¿Cuáles míos?
—... Son felices y sabios.
Juntos van los deleites y albedríos.

—He sido muy feliz. —¿No se equivoca?
    —Da igual si me equivoco.
Si de veras lo creo, punto en boca.
    Después, ¡que viene el Coco!

Es una pulguita parlante.
Dice "burgués" a cada instante.

"¡Burgués, burgués! ¿Qué más? ¡Burgués!"
Tropezando va de traspiés.

Resuena "burgués" como insulto.   5
¿Quien insulta es el más estulto?

EL JUEGO Y LA GUERRA [35]

—¿Juega usted al ajedrez?
—Ignoro ese juego ilustre.
Pero mi vida y mis obras
Se reducen a jugar.

Es el modo corriente de ser civilizados.   5
Las ciencias y las artes así se desenvuelven.
En esa convivencia tan pacífica
Convergen los esfuerzos
Hacia las creaciones del espíritu.

[35] Poema ocasional recogido en *V* y que origina *NP*.

—¿Y si el cuerpo se turba y no funciona?   10
—Entonces no se juega.
La falta de salud exige los cuidados
De especiales peritos.

¿Más, más vida? Más juego.
—¿Esa es toda la Historia?   15
—Nunca, nunca jamás.

Habrá enemigos siempre que nos manden
Verter ríos sangrientos. ¡Guerras, guerras!
Una de dos: jugamos o matamos.

¡Lejos el ajedrez!   20

DECLARACIÓN

Yo jamás he vivido de negocio:
Patrono explotador de esfuerzo ajeno.

Moderados los gajes del oficio.
Nunca escribí para ganar dinero   10
Página de poema ni de prosa.
¿Y los premios? Tardía lotería.

Burgués, en suma por destino histórico.
No, no soy proletario ni aristócrata.
Lo declaro ante el juez inexorable,
Dogmático de clero y anticlero.   5

Que conste;
Yo jamás he vivido de negocio.

A soledades no voy,
De soledades no vengo,
Porque para andar en vida
No bastan mis pensamientos.

No me podrán quitar el placentero
Sentir, entreverado de aflicciones,
Consecuencia en rigor de vida-vida,
Adhesión al contacto fecundante.

Sobre la nieve como terreno "geológico"
Avanzan los pingüinos con premura de grupos
Vestidos de etiqueta, pecho blanco, frac negro,
Erguidas actitudes: un borrador de hombre.

La nieve se acumula en masa
Que pesadísima se aploma,
Y a un gran silencio en tabla rasa
De blancura con suave doma
Somete el mundo,
                    piedra,
                              tierra.   5
Rumor sería error.

L'hiver lucide
MALLARMÉ

En el invierno lúcido
La mente es quien domina.
El calor interior
Es conciencia de fondo.

Orientación eficaz
No traduces en acciones.
Es inútil que razones.
¿Revoltijo forma un haz?

Me canso de increpar a los peores.
¡Tanta complicidad en tanto crimen!
Dejémoslo. ¿Futuro? Yo lo ignoro.
Me bastan esos años asumidos
A través de una vida en un planeta   5
Que a veces logra cúspides geniales.
Gracias. ¡Adiós!

Algunos hombres admirables
Consiguen perfección en obra.
Los hombres reunidos siempre
Lanzan tentativa en zozobra.

Tal delincuencia clandestina,
Privilegio de juventud,
Pulsación revolucionaria...
¿Qué resultado? Rien du tout.

Estéril, totalmente, estéril.
La ineficacia es absoluta.
¿Hacia dónde va ese desorden?
Favorece la fuerza bruta.

¿Esta vida es sólo agonía?   5

No pasan los camellos [36]
Por esos ojos críticos de aguja...
Ni las obras maestras.
"Que tanta historia se derrumbe y cruja."
Exquisito menor.   5

Autoridad. Su deseo es mandato.
Has de tragar lo que ves en el plato.
Las tragaderas ya son resistentes.
Usa al final un palillo de dientes.

Se mueve nuestro mar con mayor violencia.
El lomo de las olas concluye en más espuma.
Pende ya la neblina sobre intensa planicie,
Pero no faltan pájaros que tienden vuelos rápidos,
Y los prolongan sobre la curva manifiesta   5
De las ondulaciones. Tres o cuatro gaviotas
Cruzan, vuelan, insisten, sobrepasan rozando
Las cumbres del tumulto, se arrojan, se detienen
Un segundo de gozo: juego con alegría.

Los vencedores, los vencidos.
Las aves tiemblan en sus nidos.
Nadie dice que tiene miedo.
Un cadáver, centro de ruedo.

[36] Aparece en *V* en el orden que cita *NP* y *CB*.

En Málaga con Irene, su segunda esposa, 1981.

EL MANANTIAL

per soprano e sei esecutori
su testi di Jorge Guillén

LUIS DE PABLO

Composición de Luis de Pablo, basada en el poema
"El Manantial".

¿Absolutista yo? Vuelvo a decirte
que no me insultes.

GALDÓS, *La segunda casaca*, XIV

Los absolutistas, abstractos.
Los asesinos, concretos.

　　—¡No, no, no!
Muchos oponen sus vetos.

　　¿Aún más Inquisición?　　　　　　5
Ignominia,
　　　　rubor,
　　　　　　atroz baldón.

—En una sola frase de resumen:
¿Qué va siendo el final de esta centuria?
—Un fragor de asesinos. —Sin embargo,
Entre las maravillas de las ciencias.

Reyes Magos —6 de enero—
Me han traído mucha nieve,
Y más vejez, que aún se atreve.
Venga mundo verdadero.

IV

TIEMPO DE ESPERA

Dios te salve, te guíe y te dé alas,
Padre polvo que vas al futuro.

CÉSAR VALLEJO, *España, aparta de mí este cáliz*

1 [37]

Aquella antigua patria
Debió afrontar la gran edad moderna,
Que es "un antiguo error". Y no lo quiso.

Y emprendió un retroceso violento.
Años atroces, años de fracaso,   5
De fracaso esencial: una cruzada.

Tiranía. Bienestar.
Tantos coches por la calle
Justifican que no hable
La voz libre de la gente,
El espíritu viviente.   5
Tiranía. Corrupción.

2

Nos sonroja nuestra Historia:
La época del secuestro.
Esa confusión de ideas
Alcanza un grado siniestro.

---

[37] Los números 1 y 2 de *B* se funden en *V* —tal como piden
CB y *EC*— en un solo poema para introducir otro nuevo, el 2:
"Nos sonroja nuestra Historia".

Los criminales se crecen   5
Inspirados por el estro
De la gran Revolución:
"El sumo derecho nuestro."
Monstruo al fin el asesino,
Que es ya fantasma de espectro.   10

3

On Murder considered as one of the Fine Arts
DE QUINCEY

Españoles castizos,
Absolutistas,
Quieren llenar de muertos
Sus grandes listas.
Todo muy serio.   5
Ya no hay lugar más grato
Que el cementerio.

4

Muchísimos asesinatos fueron
Imprescindibles
Para crear y mantener la base
Del poder absoluto: el terror colectivo.

Pero el asesinato no es negocio.   5
El hambre, siempre el hambre.

Tecnócratas al cabo de los años,
Ingeniosos tecnócratas
Inventaron remedios.

Y ante Dios y los hombres pudo justificarse   10
Todo lo criminal y el poder absoluto.

Razón, la Economía. ¿Lo esencial scrá eso?

5

La vida avanza plural,
No según rigor de clave.
Inextinto el material.
Tiempo de espera. ¡Quién sabe!

6

¿El vivir de tumbo en tumbo?
"Soñemos, alma, soñemos."
Inventemos vida y rumbo.

7

Un fondo inquisitorial
  —Disparate—
Y un autócrata moderno
  —No hay debate—
Forman un solo caudal,   5
  Río Orate,
Que aspira a ser Río Eterno.

8

Y lúcido, pérfido, cáustico,
Sin saber de miel ni laurel,
Escoge la tabla de piedra
Para inscribir: "Me soy muy fiel."
Nadie más libre. Dictador.   5
¡Alabado sea el peor!

9

Una agonía muy larga.

En sus concéntricos círculos
Una atención general

Mezcla iracundias y cálculos,
Augurios quizá de paz.   5

Otra vez asoma el alba.
Los gallos quieren cantar.

10

Muere el tirano, muere el tiranismo.
Los cómplices en duelo se lamentan
Y se yerguen, tonantes, militantes,
Y cada diez minutos
Estalla un cañonazo   5
Con fragor clamoroso,
Que resume el terror de aquella historia.

Fragor, terror, final apoteosis
A la desesperada...

11

Manuel Azaña
In memoriam

Sucedió.
         La paz victoriosa
Con un rigor de tiranía
Se impuso a los vencidos —siempre.

La tiranía, sí, se acaba.
No hay Régimen sin Vencedores.   5
Aquella guerra, sí, se pierde.

12

Estalló entonces el acontecimiento
Después de cuarenta años implacables,
A los cuarenta en punto de la Historia.

Y se irguieron los más pisoteados.
Víctimas respiraron en las cárceles   5
A los cuarenta en punto de la Historia.

Se estremecieron cómplices solemnes,
Crujieron uniformes con sus cruces
A los cuarenta en punto de la Historia.

Sonrieron al sol los perseguidos,   10
Sus lares restauraron los dispersos
A los cuarenta en punto de la Historia.

Se sintieron felices las palabras,
Volaron por el aire más que pájaros
A los cuarenta en punto de la Historia.   15

Bajo la omnipotencia del Poder,
Entre ritos y prósperos negocios
A los cuarenta en punto de la Historia...

¿O eran las cinco en punto de la tarde?
Eran años —cuarenta— fugitivos,   20
A los cuarenta en punto, punto, punto.

13

A Víctor Navarro

—¿Qué es una guerra civil?
—Matanza entre discrepantes.
Atención: cada viviente
Podría ser fusilado
Bajo el mismo crimen, único.   5
Pude yo también morir.

> *El pueblo español en pie de guerra*
> *contra sí mismo.*
>
> JUAN GIL-ALBERT

14

Época de gran mudanza.
          Por fin se avanza.
Hay grillos en una olla.
          Todo se embrolla.
De nuevo como otra vez.   5
          Qué pesadez.
La Historia de esa Península.
          Ínsula, ínsula.
Se ahoga en el agua el pez.

15

El bien y el mal siempre juntos
Ofrece el vivir humano.
Distinción capitalísima:
Muchos son los incapaces
De asesinar a los hombres.   5
Lector: no has matado a nadie.
Ni yo. Seremos amigos.

16

Ce mot espagnol me plaît à plusieurs visages: "Defiéndame Dios de mí."

MONTAIGNE, *Essais,* 3, XIII

Lleguemos al momento por fin equilibrado.
Atrévete a decirte, español tan patriota:
      Defiéndame Dios de mí.

Ese eterno proceso en retroceso,
Mientras se esperan músicas divinas,   5
No impide a un corazón lanzarse ileso
Tras ti, oh Paz, y lo que tú combinas.

17

Después de tantos años de poder absoluto
Fundado en el terror —mata, miente, corrompe—
Y tan honda la crisis general de la época,
Degradación confusa de todo lo supremo,
Desesperados hay con rabia, con desánimo   5
Sin una perspectiva que implique actividad.

Nunca simplifiquemos: nula visión abstracta
Sin contacto preciso con las siempre complejas,
Distintas realidades y sus contradicciones,
Que admiten una ayuda de esfuerzo esperanzado,   10
Hostil a ese abandono del cobarde suicidio.
¿Quién va creando Historia?
                          Retroceso no habrá.

V

GALERÍA

Porque el delito mayor
Del hombre es ser individuo.

La vida es ceño,
Jornada primera

NIÑEZ

I

De cuatro años

"Yo no soy tiburón, yo soy tortuga",
Dijo aquel pequeñín que ya madruga.

Alba de infancia. ¡Cuánto Patrick sabe,
Siempre vida aprendiendo y tras su clave!

II

Este cuarto biznieto, Michael rubio,
Se siente el más pequeño
Y compensa con guiños y malicias
Su posición. Consciente, se sonríe
Afirmando: "Aquí, aquí estoy yo".   5
El adulto ya apunta bajo el niño.
Niño: Indefinible convergencia.
El tiempo se abalanza a no se sabe
Cuánto curso de arroyo,
Y después ¿de qué río?   10

III

Este infante, nacido en este año
1980, se llama
Jorge Guillén, regalo de un pariente.
Le tengo entre mis brazos y me mira
Muy atento y sereno.   5

¿Qué sentido podrían a mis ojos
Ocultarme silencios enigmáticos,
Todo inconsciencia ahora misteriosa?
Me pongo a imaginarme su futuro,
Muy dentro ya de la centuria próxima.   10

Será normal que un docto le pregunte...
¿Aquel poeta del pasado siglo?
Y casi me estremezco en este instante,
Volando a vida póstuma, precaria
—Y no habrá augur que valga —quebradiza.   15

He aquí mi viviente descendiente,
Criatura entre azares, entre riesgos
De los años 2000.
Y este Jorge Guillén me dirige miradas
De una serenidad maravillosa.   20

IV [38]

A Eugenia León

Con un solo impulso
Era pura gracia
De palabra y niña.

[38] Fechado en La Jolla (California) 14 de febrero de 1975, según
NP, amplía a cinco el número de poemas infantiles de *Galería.* La
segunda versión —1983— que recoge *V* aporta breves diferencias.
Restablece las mayúsculas en el inicio de cada verso; en el 2 cambia *eres* por *Era;* en el 4 *vas* por *va,* y suprime dos puntos después
de Eugenia.

Eugenia va hacia
La Eugenia mejor   5
Ya desde este albor.

V

Esos niños aún pequeños
De los mayores son dueños.

Inocencia dice gracia,
Siempre a todo mal reacia.

Con su instinto de teatro   5
Dos y dos son más de cuatro.

Actores de nacimiento:
—La escena de pronto invento.

Mundo real ya fantasía,
Paraíso todavía,   10

Único acaso existente.
¡Edén! Se fue de repente.

Van de sorpresa en sorpresa.
Viaje al futuro no cesa.

Sonríen. Lloran con rabia.   15
Motivo habrá, nunca en Babia.

Aunque nadie se lo mande,
Va el niño a un mundo más grande.

Niño: porvenir incierto.
¿En desorden o en concierto?   20

VISITA

Admiraba tanto al poeta
—Era sin duda aún muy joven—
Que el poeta, viejo según
Cómputo de historiadores,
Se sentía de nuevo tímido   5
Como un principiante sin nombre
De cara a la inminente cita
Con aquel mozo. ¿Quién recoge
Personalidad en persona?
Se encontraron, juntos. Entonces...   10

MOZO

A toda realidad —impura, necia—
        Se cree superior.
Es joven. Pasa, mira, nos desprecia.
        Algo somos. Horror.

Ser nada más posible. ¡Gran fortuna!   5

CRISIS DE HERMANDAD

La sociedad cristiana no es cristiana,
Nunca "el Siglo" que rehúyen en un claustro
Las almas atenidas a su Dios.
Y a solas sí se cumple el Evangelio,
Que no es utopía.
            ¡Lejos, Mundo!

JOSÉ

Nace burgués. No quiere serlo. Rompe
Con su buen porvenir.
                              Es proletario,
Evangélicamente carpintero.
No habitual desenlace. ¡Mundo vario!

EN EL OJAL

La acción pecaminosa
Vista como belleza es una rosa
Que realza el ojal:
Doncel —en su Babel— así triunfal.

LOS DESVELADOS

—¿Qué pasa en estos tiempos tan sombríos?
Entre tantos estrépitos y tráficos,
¿Perspectivas de muertes imprevistas?

—Que duermen mal los jefes y las masas
No restaurados desde sus raíces,   5
Sin la experiencia del profundo sueño:

El ser en plenitud hacia la luz,
Que al salir de aquel túnel tenebroso,
Consciente de su paz consigo mismo,
Claro el ánimo, pide paz al mundo.   10

En tiempos de conflictos criminales,
¿La experiencia del ser será utopía?
Oh pobres desvelados muy confusos.
Con tanto insomnio herejes de Morfeo...

EL EJERCICIO DEL PODER

A don J. J. A.

El nuevo Presidente
Se sienta en el Sillón de su despacho,
Y principia a ejercer su autoridad suprema.

Suena un timbre. Visita. Gran jefe del ejército.
Una dulce opresión invade al Presidente.   5

Suena el timbre. "Que pase." Eclesiástico ilustre,
Persuasión deliciosa.

Suena el timbre otra vez. Financiero exquisito.
Charla amable, sonrisas: insinuado soborno.

A través de los días suenan timbres y timbres.   10
Y después de dos años
Ya sólo queda medio Presidente.

PROFESIONAL DEL ODIO

I

A lo noble aplica un tajo.
Por sus callejuelas fétidas
Marcha hacia abajo.

Proverbio:
El envilecedor que todo lo envilezca   5
Buen envilecedor será.

II

A través del vocablo segregaba tal odio
Que una gotita nada más hería
Con vigor destructor: ¡oh cianuro!

Era,
    no os asustéis,
                pa
                    la
                        bre
                            ría.

NONAGENARIO

Ese nonagenario
Ya es otro personaje.
La persona, disuelta por las sombras,
No sabe nada entonces de sí mismo,
Del orbe de los otros.   5
A diario se agita,
Come, duerme, fantasma.
Dura crisis del fin: desmemoriado,
Animal, sin historia.

HOMBRE, ROBLE

No es un error ser un árbol,
No es un error ser un hombre,
Aunque la energía en ser
No llegue a un punto que asombre.

Cambiando se va hacia forma   5
Que bien apunta a su norma.

Por esos lentos caminos
Uno es Juan, el otro un roble
Dentro de sus propios límites.
Así de veras se es noble.   10

LOCURA COMO TRAMPA

Gran escritor de pésima política.
"Está loco, no es tonto", se decía.
Quedó más alta la genial figura.

—Pero...
      —Loco perdido.
            —Tonto.
                —¡Loco!

No era verdad. Así con más decencia.   5

FE DE ESPECTADORES

Ya no hay más que espectáculos.

Desfiles, procesiones.
Los cielos, los infiernos.
Escenas de Gran Ópera,
O calabozos pútridos.   5

—¿Hay conciencia moral?
¿Y el alma en su interior?
—No diga impertinencias.
Yo creo en mi teatro.

DESPUÉS, MUCHO DESPUÉS [39]

Nuestra pasión fue un trágico sainete

BÉCQUER

El amor reunió maravillas, vivezas,
Iluminó caminos en fervores secretos,
Y cuando me estremece la final baraúnda
Que a todos fue manchando la propia dignidad,
Me dan lástima todos: confusos responsables   5
De un amor corrompido, sucia luz a los ojos
De los siempre conscientes, ya la moral perdida
Por entre los abusos y burlas de un sainete.

Soledad, ay, nostalgias con sus remordimientos.

EL LEVE SNOB

I do not say that his taste was the highest

THACKERAY, "Vanity Fair", LVIII

Para aquel hombrecito la elegancia
Social será la luz de los valores,
Interna confusión simuladora.

Ahí la feria de las vanidades.
—¿Un error persistente de aventura?   5
—Desventura por hambre de sustancia.

[39] Nuevo en *V*, proveniente de *NP*.

Vana, boba beatitud de esteta,
Sumiso a vanidades de primores,
Mínima realidad del eco leve:

La decisión de apócrifos Petronios   10
Que su mundillo ordenan, muy precario.
I do not say that his taste was the highest.

OBRA MAESTRA

Aquel tan bello rostro
De actriz maravillosa,
Instrumento perfecto
De expresiones humanas,

Conmovedora síntesis   5
De natura y de arte,
A través de belleza,
Conjunto siempre armónico...

Se impone a multitudes
Tan honda seducción,   10
Encanto irresistible
De vida, pura vida.

¿Y quién no habrá admirado
La figura de Greta,
Tu glorificación,   15
Eterno Femenino?

        Obra Maestra.

GRAN JUEGO OLÍMPICO

La carrera feliz, veloz, triunfal
Se desliza con riesgo a cada instante
De accidente que turbe el prodigioso
Dominio de esta humana y sobrehumana
Voluntad, sin milagro vencedora   5
Sobre nieve en montaña de gran juego.

Laurel para los héroes de Píndaro.

MÚSICA VISIBLE

Bailarines irrumpen, más, prorrumpen
—Suntuoso el salón de ese palacio—
Coinciden en cadencia, bailan, saltan
Suspensos en el aire, mantenidos
A giros rapidísimos y justos   5
De parejas que ascienden, casi vuelan.
Son Viena y Vals en vuelo evanescente.

¿Acaso lo soñé? Lo oí, lo he visto
Con intensa evidencia de embeleso.

PRESENTE QUE REBOSA

(Quai St. Michel)

Junto al pretil del muelle viendo el río
Se paró.
              Contemplaba el curso manso
Del agua con espumas en la orilla.

Y la dama apoyaba su mirada,
Vaga entonces quizá, más bien absorta,   5
Sobre aquella fluencia, suficiente
Compañía en la luz de aquel domingo.
Sola por entre gentes, rubia, firme,
Con energía erguida resguardando
Sabe Dios qué potencia de futuro.   10
¿Adónde encaminaba su hermosura?
Aquel tesoro implícito en espera...
¿De qué? Con un pasado de treinta años
Quizá, ¿qué impulso ahora la impelía?
¿Cuál sería su nombre en su lenguaje?   15
Ese tiempo compacto de presente
Condensaba en figura femenina,
Certera su atracción, una inminencia
Deslizante, muy rauda hacia una incógnita:
El minuto siguiente de una vida.   20

OTRO SNOB

—¿Quién es ese impertinente
Que quiere ser distinguido?
—Un menor sin propio impulso,
En teatro posturitas,
Apariencias, vanidades,   5
Antes de su propia muerte
Condenado a nunca ser.
—¿Es condena merecida?
—Sino trágico: no es.

UNA VOZ

*Comme nous aimions l'immense
variété de la vie!*

LEÓN-PAUL FARGUE

Le atraía la vida con su incesante drama,
También con su comedia.
                    Todo mortal.
                              No importa.
Ímpetus hacia el mundo eran su amor, su crítica.
Esperaba la muerte, polvo, serenamente.

4

EN TIEMPO FECHADO

I

Si bien lo dices,
Si es justa la expresión, nos pacifica.
Justa correspondencia:
Realidad y palabra.

LA PRIMERA FRASE

Ninguna luz era en el mundo.
Nada hay que ver. Sólo un vacío,
Que así permaneció anterior
Al "fiat lux", por nadie dicho,
O por Alguien no material,   5
El protagonista divino.
Irradió un ser, luciente siendo.
Después ¿qué? ¿Ya era el tiempo, niño?
Y con su espacio y con su espera.

Nuevo texto.

> "Dijo Dios: Brote la Nada."
> *Juan de Mairena*, XXX

Hay más allá de Dios, del Ser —creía—   10
La Nada con mayúscula solemne
Que impide que la Nada sea Nihil.
"Él con su corazón lo intuye todo",
También acaso en juego intelectual,
Paso de la palabra entre palabras.   15
¿Un sacramento? ¿Poesía pura?
¿Antonio así comulga con el verbo?

Nunca Dios pronunció "La Nada brote".
Inútil herejía. —Juego puro.

JOB, MÚLTIPLE DOLIENTE

1

"Un varón fue en la tierra."
Patriarca sesudo
Con hijas y con hijos,
Abundante el ganado,
Camellos, bueyes, asnas,   5
Todo próspero y fuerte.

Y un día
Fue principio de muchas desventuras.
La familia y la hacienda se perdieron.
Quedó Job sin salud, quedó llagado,   10
Tan largo era el dolor,
Absurdo ya para su inteligencia.
Y se le oyó decir:
"Maldito el día en que nací a la luz."
Y se desesperaba.   15

Si Dios castiga, ¿Job será culpable?
Con su propia conciencia dialogaba.
Y también con amigos razonantes,
Sujetos a una lógica.
"Dios todo poderoso, justo y sabio   20
Le aplica su justicia."
Habrá sido culpable.
Inútil rebelión.

Humildemente Job
Afronta a quien le juzga,   25
Única entonces actitud posible.
Cállense los amigos razonantes.

Y Dios le dio a entender:
"¿Tú, por ventura, desharás mi plan,
Me culparás a mí para justificarte?"   30

"Siempre justo Eloah, Dios infalible."
Vencido y convencido yace Job.
Y volvió a la alabanza del Altísimo,
Sapiente, generoso.
El Señor tornó al siervo   35
Sus bienes —y doblados.
Y tuvo muchos hijos,
Muchos camellos, bueyes,
Muchas ovejas, asnas.

Porque siempre Dios da ciento por uno.

FRAY LUIS DE LEÓN, *Exposición del*
Libro de Job, XLII, 7

2

Sin cesar Job renace, sufre, clama,
Se defiende ante Juez omnipotente,
Alza protesta inútil y se rinde.
Trascurren muchos siglos.

El alto nunca yerra en pensamiento   5
Ni en tajante conducta.
¿Tal vez no es compatible la justicia
Con esa libertad del poderoso?

Sufre el múltiple Job en tantos cuerpos,
Así "gloriosos" al dolor clavados   10
Por los designios siempre irrefutables
Del Gran Juez, que es la Ley.

El mismo Juez es quien lo pone a prueba
Juez muy sabio dará sus beneficios
A un Job innumerable y muy dichoso: 15
¿Entre muchos camellos, bueyes, asnas
Radiante Economía?

DÁNAE

Desde el Olimpo Zeus ve y desea,
Sin descender de su sagrada altura,
A una hija de rey, la bella Dánae.

Y de pronto se siente en otra atmósfera,
Una invasión que alumbra dulcemente,   5
Lluvia de un oro suave, persuasivo.

Es el amor de Zeus soberano.
Dánae será madre de Perseo,
El salvador de Andrómeda en su roca.

Lo humano y lo divino.   10
¿Qué prevalecerá?
Natura es quien se ensancha en su armonía,

Territorio supremo
De la Imaginación,
                    motor y fábula.
(Sólo materia, no.)   15

DIÓGENES

Diógenes, buen cínico, filósofo,
Está ahí como asceta pordiosero,
Frente a la sociedad establecida,
Muy agresivo, libre, solitario
Como si fuese impertinente *hippy*.   5

Le acusaron. —Eres un ignorante.
¿Y a la vez un filósofo?
—Ser un sabio en conducta, ¿no es ya filosofía?

Le preguntan: —¿Qué es lo mejor del mundo?
Sin sombra de conflicto respondió: 10
—Libertad de lenguaje.
—¿Y cuál es el valor máximo de la vida?
—La esperanza, las esperanzas nuestras.

El arte de vivir es muy difícil.
—Necesita ejercicios   15
Al modo de los músicos y atletas.

Diógenes se reía
De saberes científicos, les lanzaba sus retos.
¿Y a tanto se atrevía, tan cercano Platón
Y viviente Aristóteles?   20
Heracles, su maestro, dios entonces,
Decidía: libertad ante todo.

Exclamó nuestro héroe
Contemplando preludios de gran fiesta.
—Si eres hombre ¿no sientes   25
Que es fiesta cada día?

Diógenes, en su época de esclavo,
Se opuso a quien quería rescatarle.
—Leones nunca esclavos de sus guardas.
Los guardas son esclavos de esas fieras.   30

Diógenes muere. Dice un epitafio:
Ha volado a la estrella del León.

"Antología Palatina." Otro epitafio:
Dijo a Caronte:
Llévame a la otra orilla de la Estigia.   35
Yo he despojado toda vida humana
De su soberbia.

Pan, alforja, sayal, bastón y copa.
Diógenes sobrepasa a su figura.

CON LAO-ZI

A Claudio

Aquellos pensamientos taoístas
No se quedan aislados, polvorientos.
Nos lanzan sugestiones, atracciones.
Contestamos con voz de simpatía.

"Hombre de superior virtud no tiene   5
Virtud." En apariencia. "La posee."
¿Paradojas? Hay muchas.
"Palabras verdaderas parecen paradojas."

"¿Qué es más digno de estima?"
"¿La fama o la persona?" Lo auténtico se busca. 10
"¿Qué será lo peor, ganar, perder?"
Por rutas de ambición se pierde el hombre.
Se quiere ser auténtico.

"Gran lujo en los ropajes, las espadas al cinto,
Manjares y riquezas." Llamadlo por sus nombres.   15
Son "jefes de bandidos".
Una conciencia ahí: este gran Lao-Zi.

"Deseo no tener ningún deseo."
"Poseo tres tesoros: El amor,
Sobriedad. No atreverme a ser primero."   20

¿Espectador? Desde la orilla actúa.

"Victoria en regocijos
Es encontrar placer en matar hombres."
Más, más aún.
"Si el pueblo teme sin cesar la muerte,   25
Entonces alguien tiene tarea de matanza."
Ya muy bien lo sabíamos, no hay duda.

"¿Humor, sabiduría?"
"Regir un gran Estado es algo así
Como freír un pez, un pez pequeño."   30
"Todo es siempre difícil para el sabio."

La verdad ante todo.
"Palabras agradables no son las verdaderas.
Palabras verdaderas no son las agradables."
También: 35
"Hablar poco es conforme con la naturaleza."

Valor en el idioma.
"Los nombres son principio de las cosas."

Por último...
"Retirarse una vez realizada la obra.   40
He ahí, he ahí el *dao* del cielo."

Dao: la clave misteriosa, el misterioso *dao*.

LA TIERRA Y EL HOMBRE

GEÓRGICAS

A Claude Esteban

Hombre y Tierra. Los hombres son de tierra.
La tierra, campo. Y Fray Luis traduce:
"Lo que fecunda el campo, el conveniente
Romper del duro suelo, el sazonado
Juntar la vid al olmo". Gran principio.   5
"Geórgica Primera." Se requiere
Gran poeta, maestro verdadero
Para "cantar" ahondando con precisa
Mirada, con saber muy competente
De labrador contemplativo, tierra   10
Sometida a labores: gran esfuerzo
Que a esta altura es fervor, palabra intensa.
Este contacto con la vida misma,
Con esa realidad tan inmediata,
Y siempre trabajada, constituye   15
Visión, visión del Ser que Es, fecundo
Sin retorno a bucólica. Virgilio,
Poeta extraordinario, nos lo advierte.

(Atrás, ya lejos,
"Tityre, Tu patulae recubans sub tegmine fagi...") 20

VIDA CORTA

Chaos innumeros auvidum confundere mundos
Belli civilis, VI, 696

No pudo concluir su gran poema.
Cuando le suicidaron era joven:
Sólo un cuarto de siglo. Son ya veinte
Las centurias de voz jamás callada.
Lucano sigue vivo con nosotros.   5

Dime, feliz Barbarie rozagante:
¿Habrá posteridad, historia antigua?

SUICIDIO COMPRENSIBLE

Un encuentro en un viaje.

Aquel esclavo griego era bellísimo.
Adriano, emperador, enamorado,
Se lo llevó consigo para siempre.
Antinoo, perfecta criatura,   5
Fue convertido en dios —con sacerdotes.
No aguantó ser divino aquel muchacho.
¿Y qué ocurrió? Pues... que se suicidó.

Divos toleran coros de loores...

UNA SABIDURÍA

(De judeocristiano)

Estaba yo en el Monte Sinaí.
Atendía a la voz de Moisés.
Le oí decir: "El quinto, no matar".

Estuve en Galilea. No olvidé
Las frases de Jesús en su arameo.   5
"Amaos ya los unos a los otros."
He ahí mi mejor sabiduría.

INFERNO

Ma tu perché ritorni a tanta noia?
Dice Virgilio a Dante, *Inferno,* I, 76

Los destructores siempre van delante,
Cada día con más poder y saña,
Sin enemigo ya que los espante.
Triunfa el secuestro con olor de hazaña,
Que pone en haz la hez del bicho humano.   5
Ni al más iluso al fin la historia engaña.
El infierno al alcance de la mano.

CONTEMPLANDO FLORENCIA

sovra'l bel fiume d'Arno alla gran villa
Inferno, XXIII, 95

El paseante contemplaba el río,
La ciudad con sus torres y sus cúpulas,
Altos, agudos, últimos cipreses
En una luz dorada aún de cielo.
Y se dijo: "Concretas maravillas."   5
"Son a las que yo aspiro." Paseaba.

PURGATORIO

XIII, 70 - XIV, 81-84

Era la gran cornisa de la envidia.
Para que nada viesen un alambre
Perforaba sus párpados a todos.
Guido del Duca —de Romaña— dijo:
"Confieso mi pasión, mi envidia ardiente".   5
Los valores ajenos bien veía,
Y su *videncia* le dolía mucho.
Terrible admiración contradictoria:
Posee el admirable al envidioso.
Querría ser el otro, tan odiado,   10
Mientras rubor a su semblante quema.

LA FUERZA DEL PENSAMIENTO

per la dolce memoria di quel giorno
PETRARCA, *Trionfo d'Amore*, I, 2

Se querían a distancia.
La fuerza del pensamiento
Lograba la concordancia
Del placer con mutuo aliento.
Era una tensa ternura   5
Que en el recuerdo perdura
Vivaz, real, eficaz.
Y la mera fantasía
Con sus alas mantenía
Tal vuelo de amor a paz.   10

Una mujer entrevista
Con tanta hermosura ignota
Se convierte en ideal
De un amor que no se agota.
Queda el nombre hasta en el bronce.   15
(Hijos de hogar fueron once.)
El distante enamorado
Traza con rigor sonetos.
Idea y gloria también
Son realidades —y retos.   20

CON HAFIZ

A Bernard Sesé

Hafiz con su *Diván*, que tanto gustó a Goethe,
Nos acerca a un vergel que persiste florido.

"Hacia un jardín de rosas el alba se asomaba.
Roja rosa naciente, ya antorcha de la noche",
Seducía al despierto,   5
Su mirar levantando hacia las nubes
Rojizas y rosadas de la aurora.

"Nos es infiel la rosa en su sonrisa."
¿Una rosa culpable por su fugacidad?
Que el hombre aprenda   10
Su tránsito sereno por el tiempo.

Amor, amor. "Sediento, remoto de la fuente,
Yo sé de tu cintura rodeada de oro",
Amor, de su delgada gentileza.

"Es una joya pura nuestro vigor de ánimo,   15
Y estar a su servicio es nuestra vida",
Con una vigilancia de atención incesante,
Siempre hacia rumbos, metas que exigen nuestro esfuerzo.

GUERRA TOTAL

A Nicolás Cabrillana

Gran modelo de un absoluto horror.
Conflicto
Religioso, racial, muy económico.
Es una historia trágica.
Concluyó aquella guerra de moros y cristianos.   5
De su país se fueron los vencidos.
Permanecieron muchos
En el gran territorio de cierta convivencia:
Cristianos y moriscos.

Hubo hasta una soñada convivencia ideal.   10
Narváez y Jarifa, Abencerraje.
Todos son caballeros.
Ante todo "la Santa Fe Católica"
De la casta española.

Esta casta se constituye así: 15
Declarando su fe. Eso es ser español.
¿Consecuencias morales, religiosas?
¿Importa sólo para definirse?
Casta pura. ¿Herejes? Extranjeros.
La fusión es perfecta. Los moriscos…   20
España es diferente con fiereza.
Se les prohíbe a esos moriscos todo:
Su lengua, sus vestidos,
Música, danza, nombres personales.

Poco a poco
                se extiende la agresión   25
A señores, vasallos, artesanos.
Cabalgadas —es la palabra justa—
Se arrojan, imprevistas, contra pueblos.
¡Hay botín! Se reparten las cosas y las gentes,
Convertidas —por Dios— en los esclavos   30
Sujetos a las compras y las ventas.

Vencidos, aplastados, se enfurecen.
Opción: esclavitud o cementerio.
Y se llegó a la guerra. Rebeliones atroces,
Venganzas cruelísimas.   35
Hay moriscos aún fieles
A la Imperial Corona.
Tendrán que ser infieles. Desterrados,
Emigran con dolor aquellos árabes.
Ya es siglo XVII.
                Ricote dice a Sancho: 40
"Lloramos por España… nuestra patria".

Esta patria es hermética. "Los principios eternos."
Movimiento en quietud.

¿Así estamos aún?
No será siempre así: nuestra esperanza.   45

UNA PREGUNTA

A don Antonio Blanco

En ausencia del Rey,
Su hermano don Felipe,
Doña Juana, Regente,
Inicia sus audiencias obligadas
Alzando el velo que le cubre el rostro,   5
Y hermosa, grave, sonriente, rubia,
Dice: "¿Soy la Princesa?".

¿Coincidirá con ese nombre mágico
De misterio, poder y lejanía
Esa "princesa" aquí no tan secreta,   10
Precaria, quebradiza?
¿Qué realidad están reconociendo,
Qué visión se figuran
Inventando tal vez?

Dama —bajo su velo casi oculta   15
Por un rigor de estricta ceremonia—
Piensa también en público:
"¿Soy yo Regente de un inmenso Imperio.
De veras yo seré mis apariencias?
Heme en la aparición.   20
¿Quién soy?"
            —Sí, sí. ¡Princesa!

MIRAR BIEN

FRAY LUIS DE GRANADA, *Introducción
del símbolo de la fe*, I parte, X

*Poned los ojos en el azucena, y mirad
cuánto sea la blancura de esta flor.*

Partiendo de la fe
Se alcanza la tranquila
Contemplación, origen de mil observaciones,
Y con cuánto deleite ya moroso
La vista apura toda su potencia   5
De precisiones, sí, muy descriptivas,
Y como sumergiéndose en materia
Se la trasciende mucho más allá.

            *y de la manera que el pie de ella sube
            a lo alto con sus hojicas pequeñas*

El muy atento, ya naturalista,
Se adentra en la materia, que es muy bella,   10
Y asciende hasta una copa.
Tiene granos de oro
Bien defendidos —como invulnerables.

Mirad bien, mirad bien
Con fe —o sólo amor. Natura siempre.   15

AMOR DE SANTA TERESA

            Las fundaciones,
            de los capítulos 5, 12, 15, 18, 20

Criatura de amor:
Importa "y no pensar muchísimo".
"Alegría modesta",
Que "da a entender el gozo"
Todo interior de un alma.   5

Hay una sola meta: Teresa es de Jesús.
La Tierra y los humanos son un medio
Que merece atención. También es vía,
Siempre hacia Dios, distante nunca, próximo,
Visible —de los éxtasis y arrobos.   10
"Me quedó señorío
Para tener en poco"
Lo terreno, los "bienes temporales".
El llano desenfado de Teresa,
La gracia seductora de sus gestos,   15
Esa humildad que oculta su energía,
Jamás con tono enfático de santa,
Esa "monja andariega" de leyenda,
Y "los grandes trabajos"
Por "caminos con fríos, soles, nieves",   20
Todo vale, con Dios vive y convive:
"Visión intelectual",
E "imaginaria", nunca "antojo
Ni ilusión". ¡Qué lejana Teresa encantadora!

NATURALEZA SIEMPRE VIVA

SÁNCHEZ COTÁN, San Diego,
California

A don Emilio Orozco Díaz

Un bodegón. No es comestible.
Son seres sólo imaginarios
Con forma y color muy concretos,
Realidades para los ojos.
Un gran silencio las envuelve.   5
Aparición en la ventana.
Son meras frutas y hortalizas.
Membrillo y col penden colgados.
En la madera del alféizar
Se apoyan melón y pepino.   10

Los objetos-objetos
Descansan, reductibles
A su materia inerte
De modo radical,
Tan intenso, tan puro   15
Que la materia alcanza
Plenitud de sentido,
Como si revelase
Ya la noción del Ser
Ante quien ve y admira,   20

De pronto ingenuamente aristotélico.

EL BURLADOR

Téllez - Tirso

Muy canalla ese Don Juan,
Primero de la corriente
Donde será un capitán
De este cristiano Occidente.

Burlador —engañador   5
Con cinismo, con perfidia.
A sabiendas de que así
Toda su vida es mentira.

Fray Gabriel es implacable.
Lo empuja para que vaya   10
Directamente al infierno
Que merece tal canalla.

Don Juan Tenorio es brutal
Y muy duro en el engaño
Que deshace a cada víctima   15
Con astucia de bellaco,

Más valeroso en la cena
Con el muerto, gran viviente
Que a las llamas le condena
Donde arderá, muy consciente.   20

PUERIL PARAÍSO

MILTON, *Paradise Lost*

Paraíso. Tres son los personajes.
Serpiente más Adán y Eva. Charlan,
Reflexionan, discuten, ceden, caen.

The way wich to her ruin now I tend. IX, 942

¿Prohibido por Dios conocer el gran árbol?
¿Por qué puede ofenderle que tú también conozcas   5
El bien y el mal? ¿Envidia? Imposible en los cielos.
Es la Razón quien muestra la ruta de la vida.

...this intellectual food, for beasts reserved? IX, 768

Eva está vacilando. Se decide.
Es su propia razón quien la persuade.
Juntos Adán y Eva, su destino.   10

She gave me of the Tree, and I did eat. X, 143

Hombre y mujer pecaron. Comieron aquel fruto.
Conciencia, libertad, elección responsable.
Se evoluciona al fin hasta dignos niveles.
Y Dios, Yavé, maldice la condición humana.
¿Habría humanidad en pueril paraíso?   15

UN PASEANTE SOLITARIO

ROUSSEAU, *Les Rêveries du Promeneur Solitaire,* 1782

Con un acuerdo unánime proscrito por su siglo
—Filósofos sutiles de Razón—,
Jean-Jacques se retira a la natura,
Se retrae a conciencia solitaria.

"Horror de raza humana." Si a tal mundo   5
Lo siente ya extranjero,
Se estudiará a sí mismo y la Natura.
"La fuente de la dicha está en nosotros."
Dios sabe que Jean-Jacques es inocente.
"Aquel tono dogmático de aquellos charlatanes"   10
Precisamente sus perseguidores.
El solitario piensa con el asentimiento. [40]
De corazón-razón.

Y ahora...
Jean-Jacques en el silencio se recoge   15
Sin más rumor que el grito de las águilas,
Gorjeo entrecortado de los pájaros,
Retumbo de torrentes que de montañas caen.
El alma goza de éxtasis, arrobos.
¿Nada más? Por allí los vegetales   20
Solicitan atenta observación.
Ya en medio de aquel lago,
Tendido sobre un bote,
La mirada pendiente de las nubes,
Entregándose a horas y más horas   25
De ensoñación confusa,
Sentía deleitosamente vida,
Y su propia existencia era deleite.

Y luego herborizaba por aquellos contornos.
La tierra nos ofrece muy bellos espectáculos.   30
Y pensaba en Linneo y su Botánica.

---

[40] Se restablece la versión de *O,* que tanto *B* como *V* transcribieron como *El solitario piensa con el disentimiento.*

Y soñando seguía así fundiéndose
Con éxtasis y arrobos en el sistema entero
De natura, de toda la natura,
Y buscaba las leyes generales.   35
El estudio, sereno.
"Y retorno a mi herbario, que me hace feliz."

Jean-Jacques, tan remoto de los malos,
Es ya lo que la gran natura quiere:
Profunda dicha. "Yo…, yo soy yo mismo."   40
¿Al margen de la Historia?
Siempre causa de Historia, lo sabemos.

CAZA MAYOR

> *Notre héros se croyait à la chasse. Il touchait
> déjà l'homme qui lui semblait mourant.*
>
> *La Chartreuse de Parme*, IV

El hombre es cazador y no por juego.
Le atrae el animal con su peligro.
Le fascina su prójimo, gran presa.
Y como delincuente suelto caza.

Si se ve al enemigo, caza es guerra.   5

¿Volarán a traición las agresiones?
Anónima es la víctima invisible.
Crimen total, sobre ciudades bombas,
Suma culminación. ¡Oh Siglo Veinte!

DON ÁLVARO O "LA AUSENCIA DE SINO"

Nació en alguna parte. No es de ninguna parte.
En tierra no arraigado. Ninguna identidad.
Errante entre los sexos, sin amor excluyente,
Y con los enemigos apasionado el odio.
A gusto en superficies. Hondo jamás. No es padre.   5

ESPAÑA ROMÁNTICA

THÉOPHILE GAUTIER, "España", *Seguidille*

Iberia es mescolanza
De quita y pon,
Y cada quisque danza
Por su rincón.
Alza! olà!   5
    Voilà
La véritable Manola.

Somos muy diferentes
Los españoles,
Y hasta los disidentes   10
Merecen "oles".

Madrid y Barcelona
Dicen Moscú,
Y nadie desentona
Si es bululú.   15
Alza! olà!
    Voilà
La véritable Manola.

DESCONCIERTO

*Cristo... solamente se sacrifica para que
aquellos a quienes ama lleguen a ser tan
desdichados como él mismo.*

SÖREN KIERKEGAARD

Esa fe tan sonora de energúmeno,
Por muy genial que sea,
Irrita los oídos con injusto atropello,
Rompe la paz cristiana,
Inflige su escenario del absurdo.   5
Y frente al Creador
¿No sonará como crujiente abuso?

"Armonía, belleza." No, no, ruge el paleto.
"¡Horror de ser dichoso! Yo lo veto."

*Lo que os digo en las tinieblas, decidlo
en la luz.*

MATEO, X, 27

*Estas cosas os he dicho para que halléis
en Mí la Paz.*

JUAN, XVI, 33

DESDE FUERA

*Le scandale redoubla quand Pécuchet
eût déclaré qu'il aimait autant le boudhisme.*

Bouvard et Pécuchet, cap. IX

Flotaba entre Occidente y ese Oriente
Que descubre al pasar el pasajero,
Inmediato distante siempre fuera.

Curioseaba, revoloteaba,
Y quedaba en el aire, mariposa   5
Que no es mariposa, blando, leve.

Y de verdad a nada se entregaba,
Feliz, indiferente, lejanísimo,
Y los pies resbalaban, elegantes.

La superficie es siempre superficie   10
Con su profundidad en una espera
Que pide... ¿Pécuchet, Bouvard?
Víctimas ellos del cruel Flaubert.

ORGÍA

Entre el discorde estruendo de la orgía
Acarició mi oído

BÉCQUER, Rima LV

¿Discorde?
Languidez es un aura de ilusiones
Bajo un remoto cielo sin estrellas,
Ideal ya interior y bien soñado
Que envuelve cuerpo y alma en una música.   5

Como nota de música lejana...

FRANCISCA SÁNCHEZ

Lazarillo de Dios en mi camino...
Francisca Sánchez, acompáñame.
¿"Sánchez" prosaico? No. Ya es interior
En un profundo sentimiento humilde,
Fraterno con acento a lo cristiano.   5

Para Rubén Darío, desvalido,
Sintiéndose en naufragio —desconcierto;
Este muy fiel amor será su amparo.
Huérfano esquife, árbol insigne, oscuro nido.

LOCURA SIN ELOGIO

A Carmen Conde, siempre joven

¿Elogio de la locura?
     Sarcasmo
   De Erasmo.
Así de vivir no abjura.
El caballero cristiano   5
Se ríe de ti, su hermano.

(VIRGINIA WOOLF)

Un espíritu débil y sensible
Se resquebraja poco a poco, tiembla,
Y se deforma y pierde. ¿Perdido todo?
Y un día...   10
El cíclico fenómeno demente
Ya amenaza. Catástrofe, tiniebla.

(Prodigioso equilibrio cotidiano.)

El nostre viure de cada dia
potser és dintre del temps una harmonia.

CONCEPCIÓ CASANOVA, *Poemes en el Temps*

GABRIEL MIRÓ

1

Poesía, lenguaje. ¿No se aúnan?
El poeta persigue lo absoluto,
Lo absoluto del ser. ¿Y dónde, cómo?
Las sensaciones nunca nos conducen
A esenciales valores. ¿Y qué es eso?   5
Esencia es abstracción, también idea.
Idea, pura lógica aparente.

Así pensaban
Exquisitos artistas melancólicos.
Torpes los sueños de una decadencia.   10

2

Gabriel Miró, sensible criatura,
De previas negaciones ignorante,
Siente que se le tienden sus palabras,
Activas cazadoras,
Hacia esas realidades, que ya intuye,   5
No ilusión de la mente.
Oh doble ingenuidad, y felicísima.
Su lenguaje es poder y el mundo existe.
Términos observados, matizados
Exigen una frase muy flexible.   10
Más allá de costumbres coloquiales
Sin rigor de poema, porque es prosa,
Con móvil de lirismo
Es él quien tanto inventa.
Las palabras renacen con frescura   15
De Génesis,
Contentas de surgir en manantial.

Va siendo muy intenso ese alargarse
Y con tino, hacia esos puntos...
Justa, la puntería.   20

3

¿Hay juego? Mucho más.
Todo parte de espíritu, acechante,
De un alma conmovida,
Que desde su interior descubre mundo.
Sensación agudísima se incrusta,   5
Lo sólido remueve
Sin jamás diluirse hacia algún caos.
Las cosas en su atmósfera, paisajes,
Poblaciones, ciudades, sociedad.
Ironía, sarcasmo bien resaltan.   10

Mare Nostrum, la Grecia, Palestina,
La Pasión del Señor,
Que tantas veces le contó su madre.
Sí, Gabriel, humanísimo poeta.

CIGÜEÑA EN LUGAR SAGRADO

Para Alessandro Martinengo

Cigüeña en lugar sagrado,
Especie de jeroglífico
Que admira Antonio Machado,
Cristianamente pacífico.

FIESTA DEL GRILLO

El canto más perfecto es el canto del grillo.

GERARDO DIEGO

¡Oh grillo nunca turbio!
Cómo superas a la cucaracha,
Pariente de suburbio.

Fiesta del grillo en Florencia.
Los cazados fueron muchos.   5
Habrá jaulas para todos.
Si en este ruido no escucho,
Ya escucharé tu cantar,
Discreto artista de lar.

TESTIMONIO

Dicen que el 27...
¿Generación, constelación o grupo?
Arte combinatoria de abstracciones
En teoría de una mente exenta
De un enlace vital... con nuestros actos.   5
Bien compartidos actos por amigos
En mutuas relaciones bien vividas,
El acorde feliz sin coro alguno,
Y desde aquellos años hasta hoy.

¿El 27? Grupo bien unido   10
Mientras viva.
            Ya es algo.

UNA ELEGANCIA

Era fino, tan fino
Que inventó la elegancia
De ser un impotente,
No en rasgo de placer
Sino viviendo vida,   5
Sin cesar acusada:
Elegante impotente.

ENEMIGO

—¿Tiene usted enemigos?
                                        —Uno sólo:
El que me simplifica.

Críticos, casi críticos, veloces,
Repiten frases fuera de contexto.
Y sin haber leído juzgan,
                                        rudos.   5
"El mundo está bien hecho."
                                        ¡Todavía!
El hombre, si no está desesperado,
Se adhiere a este vivir con sus pulmones.

Es "Aire Nuestro",
Y respirando, libre, goza, sufre,   10
Perdura con su crítica, protesta.
¿Inútil insistir?

VIAJE AL GRAN PASADO

A Enrique Badosa

Grecia, gran colección extraordinaria
De espléndidos añicos. Hay que verlos.
La realidad es ya imaginativa.
¿En todas partes? Mucho más allí.
Creta. Por esta puerta   5
Pasaba Agamenón. ¿En qué otro mundo?
Ariadna en Naxos, equis misteriosa.
Como dice el poeta:
"¿Quién creó el mundo? La imaginación."

LA MATERIA

A materia e forte e absoluta
Sem ela nâo ha poesia.

MURILO MENDES, *Poesia em Panico*

Poesía, espiritual conato.
Por entre las palabras y el espíritu,
Intuiciones, visiones, sentimientos,
Jamás pura abstracción. Se apoya siempre
Sobre eso que está ahí, total materia,   5
Compacta de elementos muy concretos
Que nos salvan: rehúsan el vacío.

LOS TIRANOS

En este siglo son tres los tipos de tirano.
El loco, el perverso, el vulgar.
En arrebato de pasión absurda
Va destruyendo raza muy valiosa.

Un poderoso jefe, muy dogmático,   5
Hasta sus compañeros aniquila.
Mediocre pillo sin ninguna idea
En su favor irradia su poder absoluto.
¡Cuántos asesinados! Siglo xx.
Maravillosa técnica científica.   10

(Fin de lectura: el horror —No, no por Dios, el
                                        [vómito.)

CRISIS

Su cólera, de pronto, fue tan fuerte
Que se le revolvió contra sí mismo. [41]
Morir, morir. No queda resistencia.
Por el balcón un salto hasta la calle.
Los nervios disparados no obedecen   5
A ninguna razón en el monólogo.
Pasan minutos. Soledad destruye.
El desconcierto borra la apariencia.
Una fatiga se insinúa, cede.
Alguien llega. Se habla con el mundo.   10
Hay que vivir. La realidad se impone.

[41] La fe de erratas en *B,* a continuación de este verso, añade el
siguiente: *Creciente furia a la desesperada.* Tanto en *O* como en
CB, no aparece esta adición; por ello, siguió excluyéndose en *V*
y también ahora en Castalia.

PRIMAVERA SIN RITO

*Homenaje
a Strawinski y Alejo Carpentier*

¿Para qué "consagrar" la primavera?
Es rito primitivo.

Triunfe la primavera
Con poder en seguida irrefutable,

Tan universalmente convincente   5
Que te rindes a la soberanía

De natura en su punto más armónico.

Con una involuntaria sencillez
Ahora respiramos,
Ahora, sí,
            ahora,
Primavera delgada.

II

OTRAS VARIACIONES

PERVIGILIUM VENERIS

I

Ame mañana quien no ha amado nunca,
Y quien ya ha amado ame aún mañana.

Venus ya pinta el año con púrpura de gemas,
Y apremia a florecer en ímpetu nudoso
Los capullos que brotan, Favonio, de tu aliento.   5
Venus esparce gotas de luciente rocío,
Resto aún de la noche y de su brisa.

Lágrimas lucen, tiemblan pendientes de su peso.
La gota en orbe parvo suspende su caída.
Y su pudor revelan, purpúreas, las flores.   10
Rocíos estelares en las noches serenas
Desciñen de aquel manto los pechos virginales.

Nupcias ordena Venus a las vírgenes rosas
En las mañanas húmedas de cada primavera.
Mañana es cuando el Éter acoplará sus nupcias   15
Y con nubes de abril creará el año entero,
Padre que envía lluvias al consorte regazo:
Mezcladas al gran cuerpo crean todos los seres.

284

Venus infunde espíritu en las venas y mentes,
Rige procreadora con ímpetus ocultos,   20
En los cielos y tierras, en el mar sometido
Venus va penetrando por caminos fecundos,
Manda que el mundo acoja las vías del nacer.

Ame mañana quien no ha amado nunca,
Y quien ya ha amado ame aún mañana.   25

Sensualidad fecunda campos: a Venus sienten.
Nació en el campo, dicen, Amor hijo de Venus.
Tierra en labor lo hizo. Venus lo llevó al seno,
Y lo crió por entre los ósculos florales.

Ame mañana quien no ha amado nunca,   30
Y quien ha amado ame aún mañana.

Ved, bajo las retamas toros tienden sus flancos
Y se rinden, seguros, a los brazos nupciales.
Ved balando a la sombra carneros con ovejas.
Venus manda a las aves que en su canto persistan.   35
Roncos cisnes locuaces asordan los estanques.
A la sombra del álamo la esposa de Teseo
Como respuesta canta su pasión amorosa,
Sin lástima de hermana, víctima de su esposo.

Ella cantó, yo callo. ¿Vendrá mi primavera?   40
¿Pondré fin al silencio como la golondrina?
A fuerza de callarme yo he perdido mi Musa,
Ya no me atiende Febo. Así se perdió Amicla.

Ame mañana quien no ha amado nunca,
Y quien ha amado ame aún mañana.   45

SELOMÓ IBN GABIROL

(¿1022-1053?)

(Traducción libre)

EN LA PARTIDA DE ZARAGOZA

Mi garganta está seca de tanto grito y grito,
La lengua al paladar, ay, se me adhiere.
Mi corazón vacila de tanto sufrimiento.
Tan honda es mi tristeza que no deja
Dormir cerrados ojos.   5

¿Cuánto tiempo me toca esperar? ¿Cuánto
Tiempo tendrán mis cóleras fogosas abrasándome?
¿A quién podría hablar y quejarme? ¿A quién
Puedo contar mis penas?

Si al menos hubiera alguien que me alentara,   10
Alguien que de mí se apiadase, mi mano derecha
En su mano. Yo le confiaría mi corazón
Y le haría saber de mis infortunios. Desahogándome
Aliviaría mi crisis.

Oh tú que bien me quieres, acércate   15
Y siente mi tumulto, semejante al del mar.
Tu corazón no sea adamantino,
Tiene que enternecerle mi desgracia.

¿Crearás que no vivo cuando sepas
De mis calamidades?   20

Gran fastidio vivir entre paletos:
No distinguen su derecha y su izquierda.
Enterrado ya estoy, pero no en cementerio.
Mi cara es mi ataúd. Me sobra mi dolor.

Yo no tengo ya padres.   25
Joven, abandonado y oprimido.
Solo estoy sin hermanos. Mis amigos
Son ya mis pensamientos. Mezcla lágrimas, sangre,
Lágrimas y vino. Y tal sed tengo
De amistad que se cree saciada sin estarlo,   30
Como si el cielo y su Señor se hallasen
Entre mi ansia y yo.

A mí me consideran extranjero e ignoto.
Yo vivo entre crueles avestruces,
Entre aviesos y necios. Se figuran   35
Que del saber es sede su propio corazón.
Hay quien nos da a beber veneno de áspid.

El servil me acaricia la cabeza.
En su interior me tiende trampa y con voz segura
Dice: "Como queráis, señor." Los padres   40
De esa gente no me servirían ni de perros
De mis rebaños.

Nunca se ruborizan, a no ser
Que se pinten la cara. A sus ojos
Son gigantes. A los míos, langostas.   45
Si yo publico mis adagios me acatan y me increpan
Como si fuese griego.
"Escribe claro, que se entienda." Ahora
Los pisoteo, fango. A sus cuellos
No les va bien mi media luna de oro. [42]   50
Si los tontos abriesen las bocas a las lluvias
De mis nubes, a canela olerían.

Ay de mí, ay de mi sabiduría.
Yo vivo entre esas gentes. Para ellos

[42] *B* y *V: No les va bien ni media luna de oro.* En cambio, la
versión de *O,* la que se hace del poema en *Caballo Griego para
la Poesía,* y el texto de Alfaguara que usa Guillén al hacer su traducción libre, exigen: *mi media luna de oro.*

El conocer a Dios es brujería.   55
Y yo me alegraría hasta la muerte
Si yo hallase refugio en ti, la Roca.
Harto estoy de vivir. Hasta odio mi casa
De carne. Toda alegría es dolor.
Mi último dolor será alegría.   60
Me esfuerzo en comprender y yo sabré
Cuando mi carne muera, se consuma,
Que el fin de la aflicción será consuelo,
Y mi fuerza será fruto de flaqueza.
Pero mientras yo exista,   65
Cavilaré, buscaré. Mi ascendiente
Salomón me lo manda. Quizá Quien
Descubre misterios revelará mi única
Fortuna, premio, sí, de mis trabajos.

POLIZIANO

I

El autor menciona en su texto a Simonetta Cattaneo
Vespucci (1453-1476), amada por Giuliano de Medici,
Poliziano la retrató en esta octava de "Le Stanze":

Candida e' ella, e candida la vesta,
Ma pur di rose e'fior dipinta e d'erba:
Lo inanellato crin dell'aurea testa
Scende in la fronte umilmente superba.
Ridegli attorno tutta la foresta,   5
E quanto può sue cure disacerba,
Nell'atto regalmente e mansueta;
E pur col ciglio le tempeste acqueta.

Jorge Guillén en Málaga, 1981.

Última serie de Aire Nuestro:
Final. Hay lectores que se rebelan contra
ese título. Desean y repiten al autor:
"No, no sea ese fin de poesía". El autor
se ~~brinda~~ propone sólo la conclusión de
ese conjunto que empieza en <u>Cántico</u>
y acaba en este quinto volumen.
Si, ya casi nonagenario, escribiese más
versos, irían añadiéndose a esta serie.
Final de una obra, lo que el autor moda-

Fragmento autógrafo sobre "El argumento de la obra", de *Final*.

II

TRADUCCIÓN

Cándida es ella, cándido el vestido
Con pintura de rosas y de hierbas.
Y desciende el cabello rubio en bucles
Hasta la frente humilde con soberbia.
Ríele en torno y su aflicción alivia   5
—En lo posible— toda aquella selva.
Erguido el porte regiamente manso,
Con las pestañas la tormenta aquieta.

III

VARIACIÓN

Cándida es ella, cándido el vestido
Ornado por color de rosa y hierba.
Cabello alumbra, rubio a luz unido,
La humilde frente de soberbia sierva.
Sonríe en torno un mundo verdecido,   5
Y atenúa dolor que se reserva.
Con un aire de reina mansa avanza.
Tempestad, si la mira, ya es bonanza.

RONSARD. "LES AMOURS" [43]

Quand vous serez bien vieille, au soir, à la chandelle.

Cuando seréis muy vieja, frente a luz de candela,
Sentada junto al fuego, hilando y conversando,
Diréis, y con asombro, ante mis versos-cantos:
Ronsard me celebraba cuando yo era hermosa.

---

[43] Antes de su aparición en *V*, existen diversas publicaciones sin
variantes de excepción, de acuerdo con *NP*. El texto de Ronsard
invierte la puntuación de *NP*, recogida en *V*, en *acurrucada*, y en
orgullo.

Entonces la sirvienta, oyendo tal noticia,   5
Y bajo su labor a medias soñolienta,
Al oír mis elogios habrá de despertarse
Vuestro nombre alabando en una inmortal loa.

Yo estaré bajo tierra, y fantasma sin huesos,
A la sombra de mirtos lograré mi descanso.   10
Junto a la lumbre os veo ya anciana acurrucada.

Sintiendo aún mi amor, lamentando el orgullo,
Vivid, hacedme caso, no esperéis a mañana,
Y desde hoy coged las rosas de la vida.

Cueillez dès aujourd'hui les roses de la vie.

CECILIA MEIRELES

Antonio Machado
De "Mar absoluto"

Contigo, ANTONIO, Antonio Machado,
Quisiera pasear contigo,
Por mañana de sierras, por la noche del río,
Con la naciente luna.

Palabras sosegadas irías tú diciendo,   5
Se moverían hojas en el árbol.
Eras tú el árbol, el árbol, Antonio,
Con su alma preliminar.

Palabras tristes que no me dijiste,
Sentidas en el viento, ya por otros lugares,   10
Los dioses de los campos quizá las recogiesen
Y las transformarían.

Tú, tú eras el árbol, andando por la tierra,
Con raíces vivientes, con pájaros cantores,
Contigo, ANTONIO, Antonio Machado,   15
Sería bueno pasear contigo.

Por montes y por valles ir andando, andando,
Y entre los cazadores que se van a cazar
Oír a los lebreles que corren tras la luz,
Corza verde en el aire.   20

YVES BONNEFOY

De *La Terre*

("Dans le leurre du seuil")

I

Yo grito: ¡Mira!
El almendro se cubre
De millares de flores bruscamente.
Aquí, lo tan nudoso,
Lo siempre terrenal, lo desganado   5
En su puerto ya entran. Yo, la noche,
Consiento. Yo, el almendro,
Entro adornado en cámara nupcial.

Y, ya lo ves,
Hay manos de lo alto que en el cielo   10
Recogen
—Como pasa una onda— en cada flor
Algo imperecedero de la vida.

Y las manos dividen esa almendra
En paz, y palpan extrayendo el germen.   15
Y se lo llevan, ya simiente
De mundos
A ese "nunca jamás" de flor efímera.

II

Tan arriba encontrémonos,
Que tanta luz
—Como si rebosara de una copa
Donde el grito y la hora se entremezclan—
Sea un desbordamiento   5
Claro, y allí ya nada quede
Sino gran abundancia,
Como tal abundancia designada.
Volvamos a encontrarnos,
Tomemos a puñados nuestra pura,   10
Presente desnudez
En el lecho nocturno y matutino,
Dondequiera que el tiempo profundice una zanja,
Donde el agua preciosa se evapore,
Cada uno hacia el otro, sí, elevémonos [44]   15
Como todo animal y toda cosa,
Toda desierta ruta, toda piedra,
Todo metal, todo desbordamiento.
Mira bien, mira aquí:
Florece aquí la nada y sus corolas,   20
Sus colores de alba y de crepúsculo,
El don de una belleza, misteriosa,
El lugar terrenal,
También un verde umbrío, y el viento por las ramas.
El oro está en nosotros: un oro sin materia.   25

Oro de no durar, de no tener,
El oro de un haber ya consentido,
Única llamarada
En el transfigurado flanco del alambique.

[44] En contraste con *B* y *V,* se restablece la versión de *O* que
mantenía *llevémonos* frente a *elevémonos.*

Y vale tanto el día que se acaba,   30
La calidad de luz es tan preciosa,
Tan simple ese cristal amarillento
De esos follajes,
De esos caminos entre manantiales,
Y tan satisfactorias nuestras voces,   35
Una para la otra,
Con tal sed de encontrarse, errabundas al lado,
Y mucho tiempo a oscuras por entre interrupciones.

Tú puedes llamar Dios a este vaso vacío,
Dios que no es, pero salva los dones,   40
Dios sin mirada y con manos que enlazan,
Dios celaje, Dios niño y por nacer,
Dios nave que comprende los antiguos dolores,
Dios bóveda
Para la estrella incierta de la sal   45
En la evaporación, única inteligencia
Que sepa y pruebe aquí.

(París, 14 agosto 1975)

WAI-LIM-YIP

Paisajes castellanos

Puertas
      cerradas
Coches
      en reposo

Únicos movimientos
Por la tarde
Ovejas inclinándose a lo largo   5
De la distancia

Rayos de sol
Claros como cristal
Abarcan toda la llanura

Hierba   10
Millar de millas
Los amarillos
Dentro de los cielos

En trémulo horizonte

Algunas líneas pardas   15
Inscriben
Por aquí, por allá
Moradas campesinas
De quebrados ladrillos

Entre el ver   20
Y el no ver
Un campanario
Se apoya en el vacío
Conduciendo
                  los vientos
¿Dónde   25
Y cuándo
El hondo, hondo, tiempo
A su fin llegará?

Tras el pinar
Intermitente estrépito   30
De tren
Parece gritería
De jinetes arábigos
Que blandieran sus sables
Hacia   35
La medieval ciudad
De Ávila.

ALBERTO DE LACERDA

I

PARTITA PARA LA BIEN AMADA HERMANA

A Vieira da Silva

Yo quería palpar lo oscuro. No en-
ciendan las luces. Cecilia, ni tú hables ahora.
Déjame sentir la humedad hedionda de las
paredes. Hay que no huir de nada. Déjame
atravesar las salas del no-amor.   5

La sibila aún no existe en el
Castillo. Ella y yo hablamos de ti. La
ciudad sangra. ¿Ya pasó el desastre o va
a llegar? La ciudad es una maravilla, pero
ciega. Y sorda.   10

Tus telas de araña, vistas aquí, son
suspiros sobre una cárcel. Los presos aúllan
en los acostumbrados lugares geométricos,
en las calles, en la orla del mar.

Vamos desapareciendo lentamente.   15
De siglos y siglos de amargo sueño quedará
muy poco. ¿Estas paredes blancas? Y tus
señales, pintora, en la vacilación de
danza interminable.

Tu luz maravillada que te canta en   20
los dedos. Tu angustia que es un éxtasis
nos recubre con lágrimas los ojos. Y dice la
ciudad que no, no te merece. Pero... no partes
por orgullo, partes para siempre.

Lisboa, 31-VII-1970

II

Oh florentina luz que te desprendes

Oh florentina luz que se desprende
De cielo y caserío y de memoria
Difícil de belleza donde aprende
Amor a trascender su propia historia.

Incomprensible del mundo y los astros,   5
Luz florentina, ven a socorrerme.
A socorrer la Tierra entre sus vastos
Vientos contradictorios donde un verme,

Absoluto, gobierna y juzga flaco
A quien vive en lugar muy frágil, bello   10
En mundo mártir, mas mezquino y parco.
Luz florentina, veo aquel cabello

De aquella Simonetta, ya infinita
Onda de amor a tierra circunscrita.

Florencia, 14-VII-1972

III

A Irene Mochi Sismondi de Guillén

El espacio que en torno te recría
La gracia florentina
No forma una distancia. Simple espacio
Hierático pero tan generoso
Que ya contiene el diálogo perfecto   5
Con el poeta, sumo visionario
De la radiosa multiplicación.

(16-V-1975)

IV

La sombra que sucede a luz muy fuerte,
Grávida de color afirmativo,
Estabiliza los caudales
De la imaginación,
Pinta sus rincones oscuros.   5

Austin, 15-V-1975

ELIZABETH BISHOP

UN ARTE

(*Geography* III, "One Art")

El arte de perder no exige lastre.
Son hechas muchas cosas con intento
De pérdida. ¿Pérdidas? No hay desastre.

Sí, perded, dad por bueno que os arrastre
Con sus llaves la hora malgastada.   5
El arte de perder no es un desastre.

Id perdiendo más lejos, más de prisa
Poblaciones y nombres con propósito
De viaje, lo que no será desastre.

Perdí el reloj materno, y la penúltima   10
—O última— de tres amadas casas.
El arte de perder no es un desastre.

Perdí ciudades, dos, hermosas, vastos
Reinos propios, dos ríos, Continente.
Me faltan, pero no es un gran desastre.   15

Y si te pierdo a ti (la voz burlona,
Un gesto amado) yo no habré mentido.
El arte de perder no exige lastre,
Aunque pudiera parecer desastre.

MICHAEL HAMBURGER

LA PUERTA
(The door)

Para Jorge Guillén

Esposa, hija, nieta
Van de puntillas para que no cruja
La pared de palabras.
A diario la estrofa
Queda abierta al amor inquieto a veces,   5
A los errantes que cada día se apresuran.

Cuanto más con aplomo se edifique,
Continuará la puerta siempre abierta
Para los pies que rozan
Límites familiares,   10
Para el aliento apenas oído ni entendido,
Trozos quizá de charla por el piso de abajo.

En esa habitación de tal lenguaje,
Los vocablos se mezclan
Con vientos allá lejos, los de España,   15

Y con voces más débiles y con huellas de pasos,
Respiración pretérita extinguida.
Y las palabras van hacia otros vientos,
A incógnitos lugares —o sabidos.

Fuera de cada estancia ya cerrada,   20
A través de la misma puerta abierta,
Los errantes ligeros y tranquilos,
Se halla usted en su propia habitación,
Y próximo o remoto permanece
Más y más perdurable para el amor callado.   25

MIMMO MORINA [45]

SAN FRANCISCO

Se refleja sobre las vidrieras
mi rostro de hombre maduro,
geométrico encuentro de mundos.

En la maraña de las calles
de la ciudad   5
en flor
hincha la brisa al cielo.

CLAUDE ESTEBAN

Algunos pasajes
de "La saison dévastée"

El cielo
horizontal

Ave sobre un hilo invisible
de ensueño.

[45] Incluido en *V, NP* fecha su composición el 11 de febrero de
1983.

Todo está muy remoto de sí mismo.

Paisaje en astillas, con arcos   5
depuestos del presente

—heridas.

Del día he de borrar hasta mi voz.
Árboles. Los retengo en la distancia
de la mano. Resiento   10
sus barrenas.

Aquí la niebla mueve, vidrio a vidrio,
su trabajo de oruga.
Ciega está la mañana.

Se arrojaron las máscaras, las flores,   15
todos los aderezos.

                          De "Celle qui ne dort pas"

Alba.

La habitación
orienta sus poderes.

Los nervios se desgarran
del pavor   5

por aire nuevo avanzan
y vuelven a caer.

Qué fortaleza
ayer
        allá en el fondo de los ojos.

De repente los dedos   10
y la carne

encontrando otra vez los arrecifes
aullando.
    Todo vértigo.

       De "Ici, comme aux confins."

El combate
es quien dice el derecho de los muertos   15

no la costumbre escrita
ni los usos.

Ellos conocen la profunda senda

esas orillas nulas adonde accede el rostro
sin conocer su ley.   20

     Todos los días
iguales —y el regreso
por la memoria y su canal angosto.

A los hombres no importan.
        Ofrecen
a los muertos vestiduras de tierra
que se ponen blancas   25

en torno de los ojos ante todo
contra los dedos.

    La tierra ha decaído siempre
desde su origen, único.
       Palabras
la resumen   30
repitiendo el pasado de cosas desgastadas

sin ver el aire
     cómo se engrandece

rico de tantos cuerpos que se caen
que se iluminan—

Que los aires recojan nuestras ansias,   35
que la savia desconcertante

deje las venas locas
—medidas de un tiempo mortal.

III

Inspiración. Poema. Ordenación. Conjunto
        Que aspira a ser un libro.
Autor con su lector. El acto de lectura.
        —Si tú vibras, yo vibro.

Obra completa se concluye ahora.   5

EL SOL

Las estrellas se fueron con la noche.
Quedamos frente a un día todavía
Vacilante en su esbozo de una forma.
Este cielo insinúa entre las nubes
Colores de una aurora soberana,   5
Uno a uno fundidos esos rayos.

Poco a poco del mar emerge un foco
De un resplandor como si ya emergiera
Del mar, supremo poderío, centro
Que preside, conduce, satisface,   10
Repentina unanimidad. ¡El sol!
Una paterna fuerza de monarca,
Todos aceptan su soberanía.

Todos somos solares criaturas,
Necesidad que es acto placentero,   15
Con sus sombras y con sus claroscuros
Ilumina la luz a nuestra mente.
Hallaremos así posibles claves.
Gracias al sol seremos al fin hombres,

Partícipes humanos de universo,   20
Humildemente bajo algo sagrado.

DICEN

I

El hombre abstracto se concreta en hombres.
Son individuos, todos diferentes.

Estériles o acaso creadores
Con creación hasta genial, quién sabe.

II

Muchas voces se oponen.
        —No.
                —No.
                        —No.

III

Silencio.

Odisea, Comedia, Hamlet, Fausto.
Y Quijote, Quijote...

MARCEL BATAILLON

Eminente sin énfasis, *persona,*
Una persona siempre,
Tan sabia que reserva
Su saber, tan profundo y elegante,
Sus muchas precisiones de erudito,   5
Y sólo ofrece su sabiduría,
Su calidad humana,
Ecuánime fusión
De inteligencia muy sensible y ánimo,
Rendimiento fraterno al otro prójimo.   10

Ante aquella actitud tan verdadera,
Sin cesar trasparente,
Dialoga con palabra siempre auténtica,
Y con tal sencillez
Como si todos fuesen sus iguales.   15
Y desde su París irá escrutando
Con amor a esta España en su maraña,
Relieve esclarecido ante sus ojos.
Excepcional maestro: su memoria
Queda en el corazón de sus amigos.   20

VICENTE ALEIXANDRE

I

Frente al mundo este hombre
Dice que "una materia inmensa dura",
Nace "del existir",
Y se detiene en alguien.
¿Quién seré yo?   5
"Soy lo que soy" con mi "nombre escondido".
Poeta impersonal.
No se individualiza. Ni hace falta.
Le invade el universo.

Responde   10
Con su imaginación en explosión
A través de un lenguaje en elocuencia.
Impulso violento
Se arroja hacia la luz y la trasciende
Con su palabra, siempre más allá   15
De un ser humano:
Fuerza de creación en ese espacio
Donde todo se junta, se penetra,
Y sin contradicciones

Todo es complementario en plena vida,   20
La ternura, la furia,
La destrucción o amor
Que gobierna galaxias.

II

Todo se relaciona aún más en la palabra.
"Un navío, me voy, adiós, al cielo."
La discordia es armónica en tal viaje.
"Entonces son posibles… palabras sin sentido"
Ya que también lo tienen.   5
Por la frente así cruzan unos "pájaros
Cuyo sentido ignoro".
Nada, nada podría destruir
"La unidad de este mundo".

¿Y el hombre? "Pobre hombre",   10
"De menguada presencia", nunca "selva":
Un elemento entre los elementos.
Y si esta voz afronta
Cara a cara compacta res taurina,
Aparece bajo una "mano inmensa"
Que sí "cubre celeste toro en tierra".

Es en la creación de ese mundo infinito
Donde con eficacia prevalece
La amorosa potencia,
Aquí ya un eco humano: poesía.   20
"Palabra sola y pura,
Por siempre —Amor— en el espacio bello."
Y verá quien lo escrute
Cómo llega a lucir "piadosamente".

III

Ah, no se pierda jamás el incesante
Contacto con la tierra.
Así prolongaremos nuestros seres,
"Hechos ya tierra viva".

¿El "mundo a solas"? No.
Nuestros muy semejantes,
Siempre tan inmediatos, nos escuchan.
Un arranque entrañable ofrece diestra
Fraternal, solidaria.
El tan viviente en medio de la Corte   10
No será ajeno a Historia, [46]
Y asume apasionado el corazón
De todos, de ninguno,
Fiel a lazos que traban, unifican.

—¿Y desde dónde?
                      —Pues mirad, ahí.   15
...Y se abre una casa.
Sonríe un caballero
En todo su rigor de urbanidad.
Y preguntan los rostros apremiantes:
—¿Quién es?   20
—Nada hay que preguntar. Es el Poeta.

BLANCANIEVES

A Quinín y Bernabé Fernández-Canivell

I

Blancanieves. Partamos de su nombre.

¿Heroína tal vez de cuento de hadas?
Con todos sus encantos
He ahí criatura,
Realidad muy terrestre: 5
A cada ser infunde
Propio interés dramático.

---

[46] B: *No será ajeno a la Historia,* y que rectifican *CB* y *EC*.

En juventud una mujer se afirma
Con belleza, con gracia,
Con ese no sé qué   10
De sutil seducción irresistible.

Gracia, palabra vaga,
Flotante sobre un don
Que no se aviene a límites precisos.
Algo ocurre de veras   15
Con sencillez clarísima,
Sin cesar evidente:
No sabe de penumbras ni crepúsculos
Como si no esperara
Final.   20

II

Y, sin embargo, un día,
En un día cualquiera, por la tarde…
Hay profundo silencio.
                            Se prolonga.
Sucede…
Interrumpida actividad, de pronto,   5
Se retrae, se calla
Frente a un cerco angustiado.
No comprende tan honda incongruencia:
Maravillosa juventud inmóvil.

No es sólo el corazón quien se desgarra.   10
La mente se resiste a tan abrupta,
Completa suspensión de tanta vida.

Y se desploma el mundo,
Toda esa altura armónica.
En la noche serena,   15
Algún varón muy sabio,
Que jamás será astrónomo,
Levanta hacia los cielos
Su anhelante mirada,
Hostil al universo irracional.   20

III

Esa contradicción
Permanece tendida,
Y su alcance nos duele
Tanto que nos conduce hasta protestas,
Protestas silenciosas contra incógnitas.   5
¿Absurdo? Para el imaginativo
Cuando fracasa a la desesperada.
¿Azar?
La materia reserva sus autónomas,
Fatales conexiones,   10
No siempre discernidas.
Y su cuerpo es también, también espíritu.

El tiempo infatigable va avanzando,
Y este pasar alumbra su consuelo,
Que no lo llega a ser.   15
El dolor se contrae hacia más alma
Con rumbo a un equilibrio al fin doliente.
Tenaz, nuestra memoria
Preserva su tesoro,
Y aquella criatura ya sin sombras   20
Persiste
Para siempre irradiante
Con su vida, su encanto, su prestigio,
Blancanieves de cuento, Blancanieves.

POETAS EN MÁLAGA

27-IV-1978

Hay poetas ahora florecientes
—"Florecer" es palabra justa ahora—
A la orilla del mar, bajo estos cielos
De la gran hermosura.

Estas irradiaciones 5
Marinas, celestiales
Retienen la atención, nos embelesan
Con la vivacidad de un cambio fugacísimo.
Mientras, la Historia, la diaria Historia
Puertas abre a los vientos 10
Por esos maravillosos bordes andaluces,
Que manifiestan su inquietud de avance.

Los poetas, ahí
—Y dentro de esta luz—, con dones juveniles,
Gozan de situación privilegiada, 15
Lo que jamás conduce a meta fácil.
¿Facilidad? Tal vez,
En el poema nunca si es sencillo.
Este Mediterráneo,
Mar de todos, reparte libertad 20
—Con sus raíces. Los poetas, libres,
Respiran esos aires favorables
A escritura de máximos valores.
La poesía quiere ser un oro.

MARÍA VICTORIA ATENCIA

17-VI-1978

Vertute, onor, bellezza, atto gentile
PETRARCA, *Canzoniere,* 211

Ah, María Victoria Serenísima,
En ese verso noble y tan sencillo
Porque es noble,

        ya alzado hasta un extremo [47]
De firme poesía,

        tiernamente

---

[47] *B* y *V: ya alzado hasta extremo.* Pero *O* y *EC* piden se restablezca el ritmo del endecasílabo añadiendo *un.*

Suena la voz de la mujer que ayuda,   5
Nos ayuda y anima,
                    generosa
Con la serenidad que es una gracia,
Tan próxima y ausente recatándose
Desde un centro radioso de hermosura.

Rendición al encanto femenino.   10

ALFONSO CANALES

En la Musa que inspira no ha creído.
Tampoco en el esfuerzo que corrige.

Nada más evidente que es poeta inspirado.
Y compone poemas hacia la perfección.
¿Origen? Desde dentro: su gran fe.   5
Profundamente vive ese contraste
Que le acongoja tanto en su vigilia.
Siempre ante Dios, ¿qué es este mundo impuro?
Acedia en la raíz involuntaria.
Todo va hacia una muerte anuladora   10
De esta materia: tiempo negativo.
"Y si el tiempo no es Dios, ¿quién se mueve en el tiempo?"

Confiesa: "Lo que quiero es este mundo".
Esto de aquí, de ahora. "Algo nuevo se siente."
Se renueva el conflicto del piadoso.   15
Esta vez se transforma en poesía
Personal, con materias de natura
Densamente atrayentes, más aún, seductoras,
Que exigen "La gran Fuga", "El Canto de la Tierra",
Escapes turbadores en "El Año Sabático".   20
Admirable palabra de creyente.

¿Y todo acabará? Resurrección,
Y de todos los muertos. ¡Resurrectos!

CARNAVAL DE ARLEQUÍN

Joan Miró, 1924-1925

A José Luis y Moncha Sert

Todas esas figuras —figurillas—,
Sin cesar muy vibrátiles,
Se ignoran, no se buscan, no se rozan,
O de un modo cortés:
Sin saber de elegancia se definen,   5
Nítidas, elegantes.
Un general capricho sin trastorno,
Puntual,
Reúne estos objetos geométricos
Por entre animalillos incipientes   10
Que sonríen, sonríen
Bajo esas infinitas
Vibraciones radiadas.
Las dirige algún dios o sólo un jefe,
Batuta de una música   15
Secreta.
No se oye tal vez o con los ojos:
Tantas ondulaciones de curva estremecida,
Pájaros en el aire, círculos, esferas
Gravitando con peso hacia algún centro.   20
Un Arlequín-Miró maravilloso
Regala fantasía por caminos
Imprevistos, pero siempre seguros,
Que jamás nos conducen hasta un caos.
Pintura con su Luz de Poesía.   25

DIONISIO RIDRUEJO

Un hombre. Se equivoca.
(El interlocutor es infalible.)
Reconoce su error y lo combate.
(Lo que no entenderá jamás el necio.)
Conspira, va a la cárcel, es proscrito.   5
(—¿Dónde "la consecuencia"? —Grosería.)

Bastaba conocer a la persona,
Lejos de todo esquema inamovible,
Para que fuese amigo inolvidable.
Un alma delicada,   10
Muy sensible a la vida muy diversa,
Entiende a cada uno
Con un criterio serio de justicia.
Es la imaginación de lo posible
Quien a la inteligencia va orientando.   15
Poeta, pues, abierto al universo
Y a la aventura. Puede ser política,
Que nunca deja de inspirar al ánimo,
Siempre nobles los fines y los medios.
¿Los medios? Gran problema.   20
¿Y cómo entrar en la corriente sucia,
Ruda, brutal, a veces asesina?
Bien se hacía querer, varón singularísimo...
En ese fondo trágico de España.

MIGUEL DELIBES

I

El Imperio Romano llegó a Valladolid.
De cepa tan antigua procede nuestra vid.
Se esfumó aquel idioma bárbaro que no arropa
La cultura esencial con la esencial Europa.
Y gracias a Minerva, sin ningún retintín   5
Hablamos y escribimos, sí, nuestro buen latín.

II

Admiremos al hombre auténtico de veras,
Que sabe organizar su vivir y sus libros,
Muy al tanto de todo, sin inclinarse a modas,
Porque son tan ajenas
Al manantial continuo de gran inspiración: 5
Auténtico vivir cuajado en escritura
Límpida, magistral, y así tan convincente,
Un arte narrativo que recrea
Campo y Ciudad, sus luces y sus cielos,
Profundos los paisajes minuciosos,   10
Vegetaciones, hombres, animales,
En medio el cazador.
También al escribir siempre cobra su pieza,
Y sereno el espíritu
Con la seguridad de quien ajusta   15
Su creación en obra bien cumplida.

J. L. B.

se llamaba el Libro de Arena,
porque ni el libro ni la arena
tienen principio ni fin.

JORGE LUIS BORGES

Y los ojos volvía hacia los años
Vividos, mal vividos con tristeza.
No era feliz por entre aquellos triunfos.
Y lo sentía con remordimiento
Como una propia culpa irreparable.   5

Su vejez le arrastraba... ¿hacia el olvido?
La muerte con su enigma incomprensible
Era una libertad liberadora.

¿Sería ahínco vano la escritura?
Pues seguirá acudiendo a las palabras,   10
Quién sabe, salvación definitiva,
¿Sin principio ni fin?
Para sus invenciones fama firme.

GALLARDO Y CALAVERA

Aquel Don Juan...
Principio, cumbre, popular final:
Un fraile, Téllez-Tirso.
Un noble inglés, Lord Byron.
Fin. Un burgués romántico, Zorrilla.   5

Tremenda difusión sin precedentes.
        "Ah. ¿No es cierto, ángel de amor,
        Que en esta apartada orilla
        Más pura la luna brilla
        Y se respira mejor?"   10
Lo esencial: oh profunda respiración dichosa.

Y sin embargo...
Los amoríos fáciles y breves
Muestran Don Juanes sin prestancia antigua.
En torno a su prestigio de perversos   15
La aureola del mal no resplandece.

¿Culpables? Sí. De tanta superficie.
No saben del placer apasionado,
Remotos del amor que es el valiente.
Eso de "yo, gallardo y calavera"   20
Ya no funciona.
                ¡Fuera!

ESPERANDO A GODOT

Esperando... ¿A quién? —A Godot. —¿A estas alturas?
Fatiga así esperar a quien tal vez no existe,
O no diría nada. ¿Un dios? Godot,
O simplemente *God* en un juego de sílabas.
Quien le espera no espera y desespera.   5

¿Queda todo extraviado en ese caos,
Roto en innumerables accidentes?
¿Y todo será absurdo?
¿Revelación real? Godot no viene.
Fenómeno muy dentro de un espíritu.   10

Sola esa criatura desvalida,
Que no acepta el mensaje de los dioses
Ni consigue dotar de coherencia al mundo,
Eso que existe ahí como un tesoro
De inteligentes iluminaciones.   15

Hay que inventar sentido,
No persistir con nada entre las manos,
Fracasadas, vacías,
Y solo el solitario con su absurdo.
Esperemos de veras. ¿Hay vida? Ya esperanza.   20

EL POETA JOVEN [48]

A Salvador López Becerra

Es joven,
Y aspira a ser él mismo.
Por eso, por de pronto,
Se inspira en el museo:

[48] Procede de *NP* y se acumula en *V* al número de atenciones
dedicadas a poetas malagueños.

Arranque afortunado   5
Para llegar a ser original.
No es así la "loa" de sí propio.
Un nuevo sentimiento
Se despertaba al fin.
"Casi un roce. Y ya es la creación."   10
Y sin ningún programa
Se mueve "hacia la vida".
Algún pasado impulsa
También por vía nueva
"Deseo enamorado
De algún abencerraje";   15
Escultura marmórea
"No gracioso. Delicado y sereno."
Isla ¿mortal? Se busca su belleza.
Creaciones de joven.

GAVIOTAS EN GRUPOS

Cuando la vida pasa casi, casi
Como un flujo vital que va agotándose,
Surge de pronto fuente de frescura.
Es el regreso a la Naturaleza.
Está aquí, frente a mí.   5

La tarde, sobre el mar tan luminosa,
Descubre
Sobre el agua posándose
Gaviotas y sus brillos, varios grupos
Que a la extensión otorgan algo estable.   10

Los grupos, hermanados, sosegados,
Bajo el sol permanecen,
De su estancia interina en aquel punto
De su viaje gozando,
Felices.   15

A veces algún ave vuela, próxima,
Sobre los grupos. Ya la luz se acorta.
Se adivina la noche. Todas juntas,
Las gaviotas se alzan y regresan
A sus propios rincones.   20

Orden perfecto de Natura,
                          madre de todos.

LA BUENA DOCTRINA

I

Después del homicidio, el pecado más grave,
¿Cuál será el segundo? La soberbia del yo.
Ególatras del ego ensimismado, Narciso,
Rinden culto idolátrico a su imagen preciosa.
Mirando, contemplando el propio espejo... ¿qué?   5
Hay tal delirio en éxtasis que ya se cree Dios.
            Tiniebla de soberbia.

II

            El verdadero humilde
Es quien afronta sólo realidad verdadera.
Un encuentro, tan arduo, es visión y segura
De eso que estaba ahí, la Historia y sus historias.
Envidioso y soberbio, remotos y contrarios,   5
Coinciden en el yo: si Tú, Yo, pues Yo, Tú,
            Altiva dependencia.

III

Xenius aconsejaba con desdén, ironía:
            Que cultive el yo
            Su señora tía.

CAVILACIONES

En estos años nuestros, oscuros, decadentes
Hombres hay creadores, geniales, no geniales,
Cimas extraordinarias hacia el sol, bajo luna.

> ("Época infame", se decía.
> Más acariciaba a la amada.   5
> "Esto consuela." Noche, día.)

¡Qué próximo el paisaje, buen amigo!
Natura nos asombra, nos nutre, nos orienta.
¿Dios? Ojalá, quién sabe. Vivid, preciosas fábulas.

> Belleza con su maleza,   10
> Prado también, sotobosque.
> Seduce Naturaleza.

Dentro de nuestra Historia ¿todo es ya abominable?
Un esquema tan simple resulta siempre falso.
Todo ocurre en la Historia, perenne revoltijo.   15

> ("Época infame", se decía.
> Más acariciaba a la amada.
> "Esto consuela." Noche, día.)

AGENCIA DE VIAJES

(ÁLVAREZ ITURBIDE,
Recuerdos de antaño)

Una agencia de viajes en el año
2000.
Un curioso cliente
Pedía información sobre planetas,
Contemplaba un gran mapa.   5

—Este planeta es muy civilizado.
Todos sus habitantes
Piensan exactamente
Los mismos pensamientos.
—No, no, qué horror.   10

—En aquel astro hermoso,
Bajo unas estupendas dictaduras
Hay naciones unánimes
Y prósperas.
—Horror de horrores.   15

—Yo quisiera un planeta
Con variedad viviente, respirable.

CASI METAMORFOSIS

A la orilla del mar,
En una hermosa acera
De una gran avenida,
Nos sorprendió un suceso prodigioso.

Unos cerditos jóvenes   5
Se deslizaban, rápidos.
Con sus motocicletas
En explosión jovial de enorme estrépito.

Entre niños y ancianos
A la acera arrojaban   10
Su estridencia unos bultos
Rollizos y triunfantes, humanísimos.

Aquello no era magia
Que un artista inventase.
Los cerdos, insolentes,   15
Expresaban, históricos, su época.

Motocicletas, ruidos, cerdos, mudos,
¿Aprenderán tal vez algún lenguaje?
Eso sería fábula de Esopo.
¿Qué saldrá de este caos nuclear?   20

LA INCOMUNICACIÓN

Hay siempre una distancia que separa,
Variable sin cesar, a los humanos.
Sucede que de un golpe descubrimos
Entre nosotros y tal hombre espacio
Muy profundo, como si fuera astral.   5

Incomunicación, doliente encuentro.
El lenguaje desune. Las razones
Son nada más instinto irresistible.
El amor, la amistad, ay, tentativas
Válidas —siempre en crítico paréntesis.   10

Relaciones innúmeras, muy débiles,
Se diluyen, se esfuman entre nieblas.
Peores hay. Dogmáticos feroces
Proclaman sus principios incendiarios.
La incomunicación es espantosa.   15

Hay "diálogos" a tiros decisivos.
Se invoca hasta los dioses, que se yerguen
Entre las humaredas del combate.
Bípedos parlanchines, no perdamos
La fe. No somos todos delincuentes.   20

Vosotros, los humanos, sois capaces
        De más, de Mucho Más.

PARA NO MANCHARSE

Una ansiedad de Tántalo es la tuya.
De acariciar no dejas utopías
Que,
      ya reales,
            abandonarías
Sin prorrumpir, feliz, en aleluya.

Filósofo, prefieres lo ideal   5
Murmurando de lejos: mal, muy mal.

SOY Y NO SOY

to be and not to be

Se busca y no se encuentra.
¿Quién es? Jamás lo sabe.
Direcciones contrarias
Le conducen a un caos,
El caos de sí mismo,   5
Un tormento infernal
Le exige destrucciones,
El flujo de los odios,
Ser y No Ser, atroz destino.

Y no alcanza jamás el Ser, fecundo.   10

ARTE DEL TERROR

I

Tentación: esa idea
De personalizar
En personaje vivo
—Sólo una fantasía—
A la muerte. ¡Cuidado!   5
La muerte nos acecha,
¿Nos persigue? Según.
Inútil la guadaña...

II

Se difunde un estilo catastrófico.
¿Una guerra mundial es inminente?
¿Destrucción —absoluta— de este mundo?
El temor y el gran cálculo discurren.
¿Será un placer el aniquilamiento?   5
¿O la espera secreta de un caudillo?

Historia imprevisible y complejísima. [49]

LO PÉSIMO

—En nuestro planetita, ¿cuál será, hoy por hoy,
Nuestra suprema infamia?

El viejo respondió: la crueldad.

Crueldad por recreo: romanos gladiadores
Que mueren ante el público.   5
Eso ya no es posible si es en orbe cristiano.
¡Progreso!

---

[49] B y V: *completísima*. O y EC piden: *complejísima*.

Homicidios políticos sin término.
Lo peor: aquel Auschwitz. El horror se razona.
La guerra que es cruzada. Son cómplices los dioses.   10
Salvación por patriotas: sacros asesinatos.

¡Milenio amenazante!
Se avergüenza la Tierra de tantas crueldades.

Y el viejo se alejó, cansado, melancólico.

¿FIN DEL MUNDO?

I

¿Se anuncia un fin del mundo ya inminente?
Me resisto a creer en tal locura.
¿No creen los señores criminales
Que es quizá prematuro tal suicidio?
A fuerza de tozuda estupidez,   5
En las hermosas noches estrelladas
¿Habrá un planeta estúpido girando?

II

La turbamulta de las perturbaciones
Aumenta sin cesar intensamente.
Esto es la Historia de la Bestia Humana.
¿Historia Natural? Mucho peor.
La bestia parlanchina y discursiva   5
Culmina en sus poderes formidables.
Terror y destrucción total. ¿La muerte
No es más que estupidez? La Nada es nada.
¿Dogmáticos crueles son la clave
De nuestro mundo?
                    No. No lo creemos,   10
Energía se opone irresistible:
La esperanza, sustancia del viviente.

III

Larga marcha nocturna hacia la aurora,
Hacia más luz, hacia existencia activa
Con trabajos continuos y difíciles,
Insertos en un mundo que es de todos.
Y juntos nos salvamos o perdemos,   5
Porque el destino sigue en nuestras manos.

¿Y el amor? En las bases y en las metas.

IV

A la orilla del mar
El agua es trasparente,
Y nos muestra un arrastre pedregoso,
Sin confusión, muy límpido.
Suaves ondulaciones ahora necesarias   5
Con cadencia de tiempo sosegado
Atraen nuestros ojos,
Y nos calman el alma ya sensible,
Frente al gran horizonte luminoso,
A esta paz tan concreta, bien vivida.   10

CON LÍMITE, SIN LÍMITE

No sé en qué consiste que soy naturalmente
curioso; es un deseo de saberlo todo...
LARRA, *El Café*

El sujeto del saber,
Su curiosidad le guía,
No remata, siempre acecha.
Yo, como autor, no Proteo,
Doy fin a mi poesía.   5
¡Cuánto más saber deseo!
Siglos necesitaría.

CAOS, NO

Tantas contradicciones,
Al fin complementarias,
Se juntan y se sirven
Las unas a las otras.
¿Todo es uno y lo mismo?   5
Todo es uno y diverso.

La Historia no es un caos sin sentido.

VANIDAD Y POMPA

Me decía en monólogos...
—Yo no he juzgado el mundo con Zeus desde nubes.
No estaré en Josafat para emitir los rayos
De salvaciones y condenaciones.

Estamos en la Historia.   5
Conciencia nos impulsa
Los juicios, entusiasmos y dicterios,
Palabras pronunciadas cara a cara:
La participación de mi escritura,
El acto que me es propio, mi destino.   10

¿La torre de marfil? Arqueológica.
¿Aquello de "au-dessus de la mêlée"?
Hoy nulo.

Rechazamos —en crisis tan aguda—
La obligatoria exhibición, obscena,   15
Esta publicidad que nos persigue
Con tantas agresiones insolentes,
Entre las vanidades y las pompas.

Quiero vivir en paz conmigo mismo.
Acercarme a la muerte ya sereno,   20
Libre, por fin, de pompa y vanidad.

UN NOMBRE

> *La tierra*
> *Con sus prodigios nos cierra*
> *La boca. (Jorge, de "geo"...)*
>
> *Homenaje, "Geórgica personal"*

Mi nombre es una vía ya terrestre
Que sólo enfoca mi destino humano.
Y si por gran fortuna se cumpliese,
Jamás la frustración me angustiaría.

Hacia metas sublimes yo no avanzo,   5
Atenido a los rumbos de ese nombre,
Que no es fatalidad perturbadora
Sino humildad, conciencia de mis límites.

¿Y si por lujos se me diesen cielos
Maravillosos, las eternidades   10
Sagradas, más allá de la aventura
Que a mi esfuerzo concierne en mi existencia?

¿Se rendiría mi razón al orbe
De los prodigios? Aunque yo ignorase
Mi posible tarea en esos términos,   15
¿Toda la Creación a mis espaldas?

Heme aquí, mientras vivo en este globo,
Entre amor y terror. Yo soy terrestre.

MISTERIOSO [50]

Para el *video* misterioso
Vuelve el pasado en movimiento,
Y el instante insignificante
Llega en seguida a conmovernos.
¿Y por qué? Porque significa.   5
No cruzan su flujo y su tiempo,
Frente a nuestros ojos atónitos,
Sin arrastrarnos a lo inmenso,
Ese impulso que es esencial
Contra mareas, contra vientos,   10
Y jamás contacto con Nada,
Nada irreal que es siempre un sueño,
Y la gran verdad nos oculta:
El vivir del amigo muerto.
¿Cómo?
     Salinas.
          Me emociono.   15
Es él y todo el universo.

CUANDO CONTEMPLO EL CIELO

Cuando contemplo el cielo
De este cruel ambiente en que procuro
Salir del orbe oscuro
Bajo un hermoso cielo
Que ofrece su armonía a mi desvelo,   5
¿Cómo no desear ordenador Espíritu?

---

[50] Cronológicamente, es el último poema que escribe Guillén
—mayo de 1983—. En *NP*, sus dos versiones, muy semejantes, di-
fieren únicamente en el último verso: *Con vida, vida, vida, vida.*
Verso que, en la segunda versión, tacha el poeta.

El amor y la pena
Dan a mi corazón un movimiento
Que cada noche estrena
Su canto sin condena   10
De este gran universo en que yo aliento.
¿Cómo no desear una Supremacía?

INSPIRACIONES [51]

Culminación de arranque, peripecia.
Si tuviese fortuna alguna vez,
Suene mi voz serenamente recia,

Nada falaz, tal vez más bien feliz
Si una Musa guiase paso a paso   5
La inspiración en rítmico desliz.

Con alegría yo conduzca el verso
Que fatalmente impulse hacia la luz
Siempre en contacto con el universo.

BUSCAR NIDO

Me refugio en la tiniebla
De este cuarto así clemente.
Yo, dueño, soy quien la puebla.
La claridad de la mente
Rehúye cualquier fantasma.   5
Ni siquiera Proust con asma
Me lleva al tiempo perdido.
En el oscuro futuro,
Y sin el menor conjuro,
Mi esperanza busca nido.   10

[51] Recogido en *V*, se ubica aquí por indicación de *CB*.

LA PAREJA

Madrugada aún oscura.
Mediante un frío incisivo
Se ofrece el mundo ya acorde
Porque estás ahí conmigo.
Amor absolutamente   5
Fatal. Es nuestro destino.
Esos conatos del énfasis
Bien unidos son sencillos.
Va a salir el sol. Que alumbre
Nuestro abrazo: sol ya íntimo.   10

OTRA FE TAMBIÉN

La verdad como dogma irrefutable
        Causa un daño infinito.
Dogma es Poder. No roces ese cable.
        Asesinato es Rito.

La extinción del aliento en nuestro pecho   5
Se acepta con tristeza, sí, serena
Sin delirio de ser como los dioses.
Felices muchas almas de esperanza.
Tanta fe se respeta.

Me moriré. Mal trago triste y justo.   10
Esta es mi humilde fe.

EN ÚLTIMO TÉRMINO [52]

Mi labor, mi ambición son en resumen:
Identidad personal en conjunto
Coherente de obra: poesía.
Un honesto servicio de cultura.
Al sensible lector ardua sentencia.   5

[52] *NP* y *CB* asignan este lugar como conclusión de la cuarta parte de *Final*.

5

FUERA DEL MUNDO

*Todos quedaron turbados, suspensos
e imaginativos.*

La Señora Cornelia

¡Oh instante del ser al no ser!

MAÑARA, *Discurso de la Verdad*, XIV

1 [53]

Quevedo y otros dicen: Vida es muerte.
La muerte es el principio de la vida.
Hay contrarios humildes.
¿La vida? Pues es vida. ¿Muerte? Muerte.

Cada uno responda con su fe.   5
La fe, no la razón, es quien decide.

2

Heme aquí, sin descanso,
Sin apenas descanso en la jornada
De este continuo esfuerzo
Tras la posible meta del valor.

¿Alcanzaré mi propio ser humano,   5
Más allá de la bestia parlanchina,
En relación de amor y creación
Por entre los errores y dolores
Del hombre —que no es dios— por fin humano?

---

[53] Suprimido el "Epílogo" en *NP, CB* y *V*, "Fuera del mundo"
conserva, en simetría con la primera parte del libro —*Dentro del
mundo*—, los 9 poemas numerados. En consecuencia, el número 7
se desdobla en dos —7 y 8— y el "Epílogo" II de *B* se convierte
en el número 9.

3

Y dice el tentador con voz angélica:
Inmortales seréis como los dioses.

¿Desde un suelo de acróbata a ese puente
Donde Ninguna Parte ya principia
Habré de dar el salto incomprensible?   5

4

En el principio fue la conjetura.
Vivirá de esperanza.
Y da un gran salto: fe.

No perturbéis esa ambición sublime.
Dejad a cada uno esfera propia.   5

5

"¿Qué tengo yo que mi amistad procuras?"

¿Aquel Motor Primero
Podría en mí fijarse,
En mí, tan diminuto,
Entre infinitos seres   5
Del tiempo y del espacio?

Humildemente yo me siento indigno
De atraer su atención.

¿Me necesita a mí?
Esta pregunta suena y me anonada.   10
No interpondré ambiciones de orgulloso.
"¿Qué tengo yo que mi amistad procuras?"

¿El Primer Móvil necesitaría
Cánticos, alabanzas, oraciones,
Precisamente los elogios míos,   15
Sonantes en espacios tan enormes?

¿Cómo hacerme escuchar del Primer Móvil?
Y yo, con poca voz... Yo nada sé.
Feliz quien eso logre o que lo espere.

¿La Creación sería transición   20
Preliminar, insuficiente sierva?
Sin lugares, sin horas, ¿qué es el hombre?

¿Espléndido universo material
Va sucesivamente trasformando
Su energía en un vértice de espíritu   25
Para acabar en coro de fantasmas,
Sobrantes las inútiles estrellas?
¿Y yo al final en reunión de espectros?

6

Cuanto nosotros somos y tenemos
Forma un curso que va a su desenlace:
La pérdida total.
                    No es un fracaso.
Es el término justo de una Historia,
Historia sabiamente organizada.   5
Si naces, morirás. ¿De qué te quejas?
Sean los dioses, ellos, inmortales.

Natural que, por fin, decline y me consuma.
Haya muerte serena entre los míos.
Algún día —¿tal vez penosamente?—   10
Me dormiré, tranquilo, sosegado.
No me despertaré por la mañana
Ni por la tarde. ¿Nunca?
¿Monstruo sin cuerpo yo?
                        Se cumpla el orden.

No te entristezca el muerto solitario.   15
En esa soledad no está, no existe.
Nadie en los cementerios.
¡Qué solas se quedan las tumbas!

7

Es justo que me anule yo también,
Aunque tanto me aflija perder a quienes quiero,
Y a tantos, tantos otros: este astro natal.
Natura me rodea, me sostiene.

8

—Dios es el más importante.
—¿Y si acaso no existiese?
—Erguido en la interrogante,
Siempre capital es Ése.

9

Mi conciencia cristiana muy bien sabe
Que el homicidio es siempre asesinato.

¿Y la pena de muerte? El verdugo asesina.
Matar por patriotismo... Montón habrá de crímenes.

Guerra por Dios, Cruzada, matanza tras matanza.   5
Revolución, fanáticos de novel religión.

¡Ay, violencia!
       Paz, queramos paz.

FIN DE "FINAL" [54]

[54] Cierre no inserto en *V* y que exige *NP*.

ÍNDICE DE POEMAS

ÍNDICE DE POEMAS

FINAL

Más cuando un hombre de sí mismo siente   82

Al lector superviviente ...   83
A Gerardo   83

1.   DENTRO DEL MUNDO

1. *¿Hubo un primer segundo, nació el tiempo*   87
2. *Esa lenta paciencia de la Naturaleza*   87
3. *La variedad prodigiosa* ..   88
4. *La noche va acortándose por lenta*   88
5. *Inmediato contacto con presencias*   88
6. *Mortal soy de minúscula morada*   89
7. *La fugaz historia humana*   89
8. *No es mediocre el planeta en que he nacido* ...   89
9. *Estupendo este viaje* ...   90

2.   EN LA VIDA

I

Entrañable tarea para el hombre   93

Los cuatro elementos   94
Horas Marinas   95

1. *Luna de noche en esta madrugada*   95
2. *Cielos de amanecer en esta orilla*   95
3. *El mar ondula bajo el mediodía*   96
4. *Esta luna resurge, vespertina*   96
5. *Entre nubes rojizas* ...   96
6. *Ni pájaros ni hombres. Alba, nadie*   97

De la Edad   97

1. *El niño es un perfecto comediante*   97
2. *Al niño se parece mucho el hombre*   98
3. *Va camino de ser él* ...   98
4. *Son jóvenes*   98

5. *Vejez de Calderón, vejez de Goethe*   98
6. *El cansancio me ayuda a ver más claro*   99
7. *Tengo tan buena suerte que soy nonagenario*   99
8. *Sí, cumplí mis noventa*   99
9. *Cesaron las alharacas* ...   99
10. *Maravilla de haber dormido*   100

Todo a la vez   100
Playa de primavera   101
Tal frescura   102
Ambiguo drama   102

FLORA
Correos   103
Del Japón   103
Lirio Silvestre   104
Una Margarita   104
Retiro de Jardín   105
Aquel espacio   106
Eros Amoroso   107

1. *No, no es hostil tu cuerpo al alma pura*   107
2. *Dichoso quien conduzca el gran deseo*   107
3. *La gran sensualidad apasionada*   107
4. *Con alegría tierna*   107
5. *Y la mano se tiende hacia la amada*   108

Tu cumpleaños   108
Duración   109
El feliz encuentro   109

1. *Las ocasiones del vivir valioso*   109
2. *¿Y si en la relación surgiera crisis?*   110
3. *Tino esforzado que muy bien ajuste*   110
4. *Nos valga nuestro impulso, que se adhiere*   110
Villalón de Campos   110

FAUNA
Cita puntual   111
Ardilla acróbata   112
Vidrio y saltamontes   112
Los Buitres   113
Bailar   113
Patinar   114
Ya se acortan las tardes ...   114
La calavera submarina ...   115
Más noches   116

1. *Dentro de un buen silencio muy nocturno*   116
2. *El gran silencio pone de relieve*   116
3. *"¿Por qué volvéis a la memoria mía?*   116
4. *Yo creo en ti, mi sueño, restaurador profundo*   117
5. *La alta noche trascurre a pasos lentos*   117
6. *Esas luces veloces de los coches*   118

II

LA EXPRESIÓN

A Julián Marías   119

1. *Hacia forma el hombre tiende*   120
2. *Todo lo bien vivido sale en busca*   120
3. *No hablaré como doctor*   120
4. *Entre lector y autor no hay más que idioma*   121
5. *Quise decir... ¿Lo dije, no lo dije?*   121
6. *Poesía es un curso de palabras*   121
7. *Los vocablos me orientan, se me esconden*   121
8. *Tres vías*   122
9. *Su poquito de ruiseñor*   122
10. *Esa ambigua palabra* ...   122

11. *Este poema tan abstracto y culto* 122
12. *Composición retórica del siempre antiguo clásico* 123
13. *El texto de autor, si bien leído* 123
14. I *"Tábida, lúrida", dice el poeta* 123
II *Por el río del ritmo las palabras* 124
15. *Yo no quiero ser tan rico* 124
16. *Ese verso tan largo que ya es prosa* 124
17. *¿"Intemporal"? ¿Sin tiempo?* 124
18. *No aludo a "perfección", a meta conquistada* 125
19. *Alguien está inventando con fortuna* 125
20. *El crítico analiza aquel poema* 125
21. *"Poeta por la gracia de Dios", dice la gente* 126
22. *"Musa ibérica. Torrencial"* 126
23. *Mi lector. El de hoy* ... 126
24. *¿Qué dicen las trompetas de la fama?* 127
25. *Cree en el Pueblo-Poeta* 127
26. *Poeta profesor no es nunca vate* 127
27. *"Fromentin es inteligente* 127
28. *Si alguna palabreja fea* 128
29. *¿"Poema de salvación"?* 128
30. *Isidro, labrador, humilde hasta ser santo* 128

31. Lectura y Escritura ... 129

I *Poesía es ahora una lectura* 129
II *Ocurre algunas veces...* 129
III *Del hacer al saber...* ... 130

32. *"Noticia de la Lengua Española"* 130

VIDA DE LA EXPRESIÓN

A *José Manuel Blecua* ... 133

1. *"Fiat lux". Dios es Dios de Creación* 134
2. *¿La inspiración? En trance de arrebato* 134
3. *¿Por qué tan oscura esa página?* 134
4. *Manual de literatura* ... 135
5. *Dice el Domingo al siempre neutro Lunes* 135
6. *¡Ojo! No te extravíes en orgías* 135
7. *Sólo importa lo mejor* ... 135
8. *Los aficionados* 136
9. *"Una liberación: la poesía"* 136
10. *Veo cielo estrellado con los ojos cerrados* 136
11. *Yo vi seis rosas rosadas* 137
12. *¿Solitario? Solista* 137
13. *Con intensa atención escribí un texto* 137
14. *Equívoco resulta en algún verso* 137
15. *¿A dónde va esa canción?* 138
16. *Hay literatos ensoberbecidos* 138
17. *Abstracción: las escuelas, los influjos* 138
18. *Cae del cielo un premio literario* 139
19. *El estadio es inmenso* 139
20. *¿Contra quién se levanta la gran pluma?* 140
21. *"Amargo al gusto más que la retama"* 140
22. *El sublime poeta ilimitado* 141
23. *Venga tiempo* 141
24. *En un viaje por mar* ... 141
25. *Artesano —palabra digna y bella—* 142

III

Compás de Espera 146

1. *Las cuatro. Silencio. Se duerme* 146
2. *Por el cielo es de día* ... 146
3. *Me despierto. Las cinco. Mi ventana* 146

¿Quién seré? 147

1. *Bajo mi piel subyace todo un mundo* 147
2. *Ese protagonista caminante* 147
3. *El buen actor es otro ser, ficticio* 148
4. *Mis respuestas enérgicas o torpes* 148
5. *Nos decía una voz: Hubo un instante* 148

Ese "Yo" 149
El Drama de la Promesa Cumplida 150
Seamos 151
Se busca 152
Raíces 152
Juventud Lejana 152

Le temps retrouvé 153
Más Amor y Pedagogía ... 154
Sombra y Corazón 155
La Astronomía 156
Acto Completo 157
También ocurre 157
Lo indispensable 157
Ella, Él 158

1. *—Venus da voz a ternura* 158
2. *—Amor, tu amor* 158
3. *—Te envuelvo en el cariño* 158
4. *—Llegamos a ser* 159

5. *—Mi amor requiere tu amor* 159

La Realidad y el Fracaso 159

1. *¿Soñó una falsa imagen de este mundo* 159
2. *Sintió deseos nunca satisfechos* 160
3. *A pesar de victorias muy gozosas* 160

Segunda Carta Urgente ... 161
Rumores 162
Con esperanza 162
Hacia el Final 163
Olmos 163
Ausencia de ruido 164
Castellana juventud 164
Profunda caravana 165
De la Vejez 166

1. *Esta falta de tiempo en los finales* 166
2. *No se ve ni se siente viejo el viejo* 166
3. *"Las hijas de las madres que amé tanto* 166
4. *Era un secreto regocijo límpido* 166
5. *Cansancio, gran cansancio de una Historia* 167

Más Noches 167

1. *Te contemplo dormida en propia hondura* 167
2. *Una noche más de sábado* 168
3. *Quedó, por fin, la noche ya muy alta* 168
4. *Lado del corazón* 168
5. *Entre edificios y árboles tranquilos* 169

31 de Diciembre 169
Certidumbre 169

3. DRAMATIS PERSONAE

—De este nuestro tiempo
horrendo   172

I

ESA CONFUSIÓN

¿Qué confuso laberinto? ...   173

1. Maneras de respirar ...   174
2. Nuestros antepasados
—homo sapiens—   175
3. ¿Quién se preocupará
del gran Diluvio?   175
4. Y muchos habrán sido
asesinados   176
5. Nuestros cruzados de la
causa   176
6. ¿Quieres ser un gorila
sin pasado?   176
7. —Nos hundimos en caos
de agonía   176
8. Mi amigo me contó lo
sucedido   177
9. Cambia el vivir por fue-
ra, el aura de la época ...   177
10. Desorden, baraúnda,
batahola   178
11. Asentó su poder   178
12. Los colaboradores del
gran Jefe   178
13. Libertad: un gran orden
que permite el desorden ...   179
14. El país sin varios modos   179
15. Sonora confusión   179
16. Exterminio en Ausch-
witz   179
I Ese máximo crimen de la
Historia europea   179
II Estos mediterráneos mozuelos   180

17. En esta sociedad tan relajada   180
18. Ante la muerte de aquel
hombre hundido   180
19. —¿Por qué serán los
hombres hoy tan brutos? ...   181
20. Una palabra lo unifica
todo   181
21. Un galardón caído de
los cielos   181
22. I La suprema concen-
tración   181
II Y sin instancia superior   182
III Se yergue la frase en la
fuerza   182
23. Y pensar que estas va-
rias sociedades   182
24. Se afina en el silencio
de la noche   183
25. La tertulia de las estrellas   183
26. El sol es un compacto
globo rojo   183
27. En estos años de tor-
mentas   184
28. No se tolera nunca al
disidente   184
29. "El Ejército al poder"   184
30. Hubo de pronto algo
salvaje un día   185
31. —¡Oh Régimen!   185
32. Esos retornos cíclicos
en la Historia del hombre   185
33. ¿Lo que más me ha im-
portado?   186
En suma   186
I Esos extremos revolucionarios   186
II Parto de la salud, que es
un instinto   187
III ¿Y si surge la crisis? ...   187
IV —Metafísico estáis ...   187

II

FUERZA BRUTA

Guarda tu luz, oh patria,
mantén 189

1. La vida poco importa
sin allende 190
2. ¿Guerrero? Policía 190
3. La vida tiende a trascender la vida 190
4. La fuerza bruta es tan
bruta 191
5. Se intenta una reforma
con un rigor de leyes 191
6. Horror del cataclismo
que pretende ser justo ... 191
7. El orden se levanta ... 191
8. Esos intrusos, ay, los más
remotos 192
9. Es la gigantomaquia de
los pánicos 192
10. Los vocablos son ágiles,
flexibles 193
11. ¿Qué llevará el poeta
al Dios eterno? 193
12. Tan fuerte es esa fuerza 193

III

EPIGRAMAS

I 196-202
II 202-209
III 209-215
IV 215-223

IV

TIEMPO DE ESPERA

Dios te salve, te guíe y te
dé alas 225

1. Aquella antigua patria .. 226
2. Nos sonroja nuestra His
toria 226

3. Españoles castizos 227
4. Muchísimos asesinatos
fueron 227
5. La vida avanza plural .. 228
6. ¿El vivir de tumbo en
tumbo? 228
7. Un fondo inquisitorial .. 228
8. Y lúcido, pérfido, cáustico 228
9. Una agonía muy larga .. 228
10. Muere el tirano, muere
el tiranismo 229
11. Sucedió 229
12. Estalló entonces el
acontecimiento 230
13. —¿Qué es una guerra
civil? 231
14. Época de gran
mudanza 231
15. El bien y el mal siempre juntos 231
16. Lleguemos al momento
por fin equilibrado 232
17. Después de tantos años
de poder absoluto 232

V

GALERÍA

Porque el delito mayor ... 233

Niñez 234
I "Yo no soy tiburón, yo
soy tortuga" 234
II Este cuarto biznieto, Mi-
chael rubio 234
III Este infante, nacido en
este año 235
IV Con un solo impulso ... 235
V Esos niños aún pequeños 236

Visita 237
Mozo 237
Crisis de Hermandad 237
José 238
En el ojal 238

Los Desvelados 238
El Ejercicio del Poder 239
Profesional del. odio 239

I *A lo noble aplica un tajo* 239
II *A través del vocablo se-*
gregaba tal odio 240

Nonagenario 240
Hombre, Roble 240

Locura como trampa 241
Fe de Espectadores 241
Después, mucho después ... 242
El leve snob 242
Obra Maestra 243
Gran Juego Olímpico 244
Música visible 244
Presente que rebosa 244
Otro Snob 245
Una Voz 246

4. EN TIEMPO FECHADO

I

Si bien lo dices 249

La Primera Frase 250
Job, múltiple doliente 251

1. *"Un varón fue en la tie-*
rra" 251
2. *Sin cesar Job renace, su-*
fre, clama 252

Dánae 253
Diógenes 254
Con Lao-Zi 255
La Tierra y el Hombre —
Geórgicas 257
Vida Corta 258
Suicidio comprensible 258
Una Sabiduría 259
Inferno 259
Contemplando Florencia ... 260
Purgatorio 260
La Fuerza del Pensamiento 261
Con Hafiz 261
Guerra Total 262
Una Pregunta 264
Mirar bien 265
Amor de Santa Teresa ... 265
Naturaleza siempre viva ... 266
El Burlador 267
Pueril Paraíso 268
Un Paseante Solitario ... 269
Caza Mayor 270

Don Álvaro o "La ausencia
de Sino" 271
España Romántica 271
Desconcierto 272
Desde fuera 272
Orgía 273
Francisca Sánchez 273
Locura sin Elogio 274
Gabriel Miró 275

1. *Poesía, lenguaje. ¿No se*
aúnan? 275
2. *Gabriel Miró, sensible*
criatura 275
3. *¿Hay juego? Mucho más* 276

Cigüeña en lugar sagrado 276
Fiesta del Grillo 277
Testimonio 277
Una Elegancia 278
Enemigo 278
Viaje al gran Pasado 279
La materia 279
Los Tiranos 279
Crisis 280
Primavera sin rito 281

II

OTRAS VARIACIONES

Pervigilium Veneris 284
Selomó ibn Gabirol - En la
partida de Zaragoza 286

Poliziano, I, II, III ... 288-289
Ronsard - "Les Amours" ... 289
Cecilia Meireles - *Antonio Machado* 290
Yves Bonnefoy - De "La Terre", I, II 291-292
Wai-lim-Yip - *Paisajes Castellanos* 293
Alberto de Lacerda 295

I *Partita para la bien amada hermana* 295
II *Oh florentina luz que se desprende* 296
III *A Irene Mochi Sismondi de Guillén* 296
IV *La sombra que sucede a luz muy fuerte* 297

Elizabeth Bishop - Un Arte 297
Michael Hamburger - La Puerta 298
Mimmo Morina - "*San Francisco*" 299
Claude Esteban - Algunos pasajes de "*La saison dévastée*" 299
De "*Celle qui ne dort pas*" 300
De "*Ici, comme aux confins*" 301

III

Inspiración. Poema. Ordenación. Conjunto 303

El Sol 304
Dicen: I, II, III 305
Marcel Bataillon 305
Vicente Aleixandre 306

I *Frente al mundo este hombre* 306
II *Todo se relaciona aún más en la palabra* 307
III *Ah, no se pierda jamás el incesante* 307

Blancanieves 308

I *Blancanieves. Partamos de su nombre* 308
II *Y, sin embargo, un día* 309
III *Esa contradicción* 310

Poetas en Málaga 310
María Victoria Atencia ... 311
Alfonso Canalès 312
Carnaval de Arlequín - *Joan Miró, 1924-1925* 313
Dionisio Ridruejo 314
Miguel Delibes 314

I *El Imperio Romano llegó a Valladolid* 314
II *Admiremos al hombre auténtico de veras* 315

J. L. B. 315
Gallardo y Calavera 316
Esperando a Godot 317
El poeta joven 317
Gaviotas en grupos 318
La Buena Doctrina, I, II, III 319
Cavilaciones 320
Agencia de Viajes 320
Casi Metamorfosis 321
La Incomunicación 322
Para no mancharse 323
Soy y No Soy 323
Arte del Terror 324

I *Tentación: esa idea* 324
II *Se difunde un estilo catastrófico* 324

Lo pésimo 324
¿Fin del Mundo? 325

I *¿Se anuncia un fin del mundo ya inminente?* 325
II *La turbamulta de las perturbaciones* 325

III *Larga marcha nocturna hacia la aurora* 326
IV *A la orilla del mar* 326

Con límite, sin límite 326
Caos, no 327
Vanidad y Pompa 327

Un Nombre 328
Misterioso 329
Cuando contemplo el cielo 329
Inspiraciones 330
Buscar Nido 330
La Pareja 331
Otra Fe También 331
En último término 332

5. FUERA DEL MUNDO

Todos quedaron turbados, suspensos 334

¡Oh instante del ser al no ser! 335

1. *Quevedo y otros dicen: Vida es muerte* 337
2. *Heme aquí sin descanso* 337
3. *Y dice el tentador con voz angélica* 338
4. *En el principio fue la conjetura* 338

5. *"¿Qué tengo yo que mi amistad procuras?"* 338
6. *Cuanto nosotros somos y tenemos* 339
7. *Es justo que me anule yo también* 340
8. *—Dios es el más importante* 340
9. *Mi conciencia cristiana muy bien sabe* 340

Índice 341

ÍNDICE DE LÁMINAS

Entre págs.

Cubierta de la primera edición de *Final*, Barcelona, 1981   81

Niza, 1932, con Claudio, Germaine y Teresa   102-103

En Sevilla, 1935, con su hijo Claudio   102-103

Jorge Guillén en los Estados Unidos, 1942   162-163

Jorge Guillén, Pedro Salinas y Dámaso Alonso, en 1951   162-163

En Málaga con Irene, su segunda esposa, 1981 ...   222-223

Composición de Luis de Pablo, basada en el poema "El Manantial"   222-223

Jorge Guillén en Málaga, 1981   288-289

Fragmento autógrafo sobre "El argumento de la obra", de *Final*   288-289

ESTE LIBRO
SE TERMINÓ DE IMPRIMIR
EL DÍA 27 DE OCTUBRE DE 1989

ÚLTIMOS TÍTULOS PUBLICADOS

100 / Ausias March
OBRA POÉTICA COMPLETA.
Tomo II
Edición, introducción y notas
de Rafael Ferreres.

101 / Luis de Góngora
LETRILLAS
Edición, introducción y notas
de Robert Jammes.

102 / Lope de Vega
LA DOROTEA
Edición, introducción y notas
de Edwin S. Morby.

103 / Ramón Pérez de Ayala
TIGRE JUAN
Y EL CURANDERO
DE SU HONRA
Edición, introducción y notas
de Andrés Amorós.

104 / Lope de Vega
LÍRICA
Selección, introducción y no-
tas de José Manuel Blecua.

105 / Miguel de Cervantes
POESÍAS COMPLETAS, II
Edición, introducción y notas
de Vicente Gaos.

106 / Dionisio Ridruejo
CUADERNOS DE RUSIA.
EN LA SOLEDAD
DEL TIEMPO.
CANCIONERO EN RONDA.
ELEGÍAS
Edición, introducción y notas
de Manuel A. Penella.

107 / Gonzalo de Berceo
POEMA DE SANTA ORIA
Edición, introducción y notas
de Isabel Uría Maqua.

108 / Juan Meléndez Valdés
POESÍAS SELECTAS
Edición, introducción y notas
de J. H. R. Polt y Georges
Demerson.

109 / Diego Duque de Estrada
COMENTARIOS
Edición, introducción y notas
de Henry Ettinghausen.

110 / Leopoldo Alas, Clarín
LA REGENTA, I
Edición, introducción y notas
de Gonzalo Sobejano.

111 / Leopoldo Alas, Clarín
LA REGENTA, II
Edición, introducción y notas
de Gonzalo Sobejano.

112 / P. Calderón de la Barca
EL MÉDICO DE SU HONRA
Edición, introducción y notas
de D. W. Cruickshank.

113 / Francisco de Quevedo
OBRAS FESTIVAS
Edición, introducción y notas
de Pablo Jauralde.

114 / POESÍA CRÍTICA
Y SATÍRICA DEL SIGLO XV
Selección, edición, introducción y notas de Julio Rodrí-
guez-Puértolas.

115 / EL LIBRO
DEL CABALLERO ZIFAR
Edición, introducción y notas
de Joaquín González Muela.

116 / P. Calderón de la Barca
ENTREMESES, JÁCARAS
Y MOJIGANGAS
Edición, introducción y notas
de E. Rodríguez y A. Tordera.

117 / Sor Juana Inés de la Cruz
INUNDACIÓN CASTÁLIDA
Edición, introducción y notas de Georgina Sabat de Rivers.

118 / José Cadalso
SOLAYA O LOS CIRCASIANOS
Edición, introducción y notas de F. Aguilar Piñal.

119 / P. Calderón de la Barca
LA CISMA DE INGLATERRA
Edición, introducción y notas de F. Ruiz Ramón.

120 / Miguel de Cervantes
NOVELAS EJEMPLARES, I
Edición, introducción y notas de J. B. Avalle-Arce.

121 / Miguel de Cervantes
NOVELAS EJEMPLARES, II
Edición, introducción y notas de J. B. Avalle-Arce.

122 / Miguel de Cervantes
NOVELAS EJEMPLARES, III
Edición, introducción y notas de J. B. Avalle-Arce.

123 / POESÍA DE LA EDAD DE ORO I. RENACIMIENTO
Edición, introducción y notas de José Manuel Blecua.

124 / Ramón de la Cruz
SAINETES, I
Edición, introducción y notas de John Dowling.

125 / Luis Cernuda
LA REALIDAD Y EL DESEO
Edición, introducción y notas de Miguel J. Flys.

126 / Joan Maragall
OBRA POÉTICA
Edición, introducción y notas de Antoni Comas.

Edición bilingüe, traducción al castellano de J. Vidal Jové.

127 / Joan Maragall
OBRA POÉTICA
Edición, introducción y notas de Antoni Comas.
Edición bilingüe, traducción al castellano de J. Vidal Jové.

128 / Tirso de Molina
LA HUERTA DE JUAN FERNÁNDEZ
Edición, introducción y notas de Berta Pallares.

129 / Antonio de Torquemada
JARDÍN DE FLORES CURIOSAS
Edición, introducción y notas de Giovanni Allegra.

130 / Juan de Zabaleta
EL DÍA DE FIESTA POR LA MAÑANA Y POR LA TARDE
Edición, introducción y notas de Cristóbal Cuevas.

131 / Lope de Vega
LA GATOMAQUIA
Edición, introducción y notas de Celina Sabor de Cortazar.

132 / Rubén Darío
PROSAS PROFANAS
Edición, introducción y notas de Ignacio de Zuleta.

133 / LIBRO DE CALILA E DIMNA
Edición, introducción y notas de María Jesús Lacarra y José Manuel Cacho Blecua.

134 / Alfonso X
LAS CANTIGAS
Edición, introducción y notas de W. Mettman.

135 / Tirso de Molina
LA VILLANA DE LA SAGRA
Edición, introducción y notas de Berta Pallares.

136 / POESÍA DE LA EDAD DE ORO, II: BARROCO
Edición, introducción y notas de José Manuel Blecua.

137 / Luis de Góngora
LAS FIRMEZAS DE ISABELA
Edición, introducción y notas de Robert Jammes.

138 / Gustavo Adolfo Bécquer
DESDE MI CELDA
Edición, introducción y notas de Darío Villanueva.

139 / Castillo Solórzano
LAS HARPÍAS DE MADRID
Edición, introducción y notas de Pablo Jauralde.

140 / Camilo José Cela
LA COLMENA
Edición, introducción y notas de Raquel Asún.

141 / Juan Valera
JUANITA LA LARGA
Edición, introducción y notas de Enrique Rubio.

142 / Miguel de Unamuno
ABEL SÁNCHEZ
Edición, introducción y notas de José Luis Abellán.

143 / Lope de Vega
CARTAS
Edición, introducción y notas de Nicolás Marín

144 / Fray Toribio de Motolinía
HISTORIA DE LOS INDIOS DE LA NUEVA ESPAÑA
Edición, introducción y notas de Georges Baudot

145 / Gerardo Diego
ÁNGELES DE COMPOSTELA. ALONDRA DE VERDAD
Edición, introducción y notas de Francisco Javier Díez de Revenga

146 / Duque de Rivas
DON ÁLVARO O LA FUERZA DEL SINO
Edición, introducción y notas de Donald L. Shaw

147 / Benito Jerónimo Feijoo
TEATRO CRÍTICO UNIVERSAL
Edición, introducción y notas de Giovanni Stiffoni

148 / Ramón J. Sender
MISTER WITT EN EL CANTÓN
Edición, introducción y notas de José María Jover Zamora.

149 / Sem Tob
PROVERBIOS MORALES
Edición, introducción y notas de Sanford Shepard.

150 / Cristóbal de Castillejo
DIALOGO DE MUJERES
Edición, introducción y notas de Rogelio Reyes Cano

151 / Emilia Pardo Bazán
LOS PAZOS DE ULLOA
Edición, introducción y notas de Marina Mayoral.

152 / Dámaso Alonso
HIJOS DE LA IRA
Edición, introducción y notas de Miguel J. Flys.

153 / Enrique Gil y Carrasco
EL SEÑOR DE BEMBIBRE
Edición, introducción y notas de J. L. Picoche
468 págs.

154 / Santa Teresa de Jesús
LIBRO DE LA VIDA
Edición, introducción y notas de Otger Steggink
720 págs.

155 / NOVELAS AMOROSAS DE DIVERSOS INGENIOS
Edición, introducción y notas de E. Rodríguez
360 págs.

156 / Pero López de Ayala
RIMADO DE PALACIO
Edición, introducción y notas
de G. de Orduna
552 págs.

157 / LIBRO DE APOLONIO
Edición, introducción y notas
de Carmen Monedero

158 / Juan Ramón Jiménez
SELECCIÓN DE POEMAS
Edición, introducción y notas
de Gilbert Azam

159 / César Vallejo
POEMAS HUMANOS.
ESPAÑA. APARTA DE MÍ
ESTE CÁLIZ
Edición, introducción y notas
de Francisco Martínez García
246 págs.

160 / Pablo Neruda
VEINTE POEMAS DE AMOR
Y UNA CANCIÓN
DESESPERADA
Edición, introducción y notas
de Hugo Montes

161 / Juan Ruiz, Arcipreste
de Hita
LIBRO DE BUEN AMOR
Edición, introducción y notas
de G. B. Gybbon-Monypenny

162 / Gaspar Gil Polo
LA DIANA ENAMORADA
Edición, introducción y notas
de Francisco López Estrada

163 / Antonio Gala
LOS BUENOS DÍAS
PERDIDOS. ANILLOS
PARA UNA DAMA
Edición, introducción y notas
de Andrés Amorós

164 / Juan de Salinas
POESÍAS HUMANAS
Edición, introducción y notas
de Henry Bonneville

165 / José Cadalso
AUTOBIOGRAFÍA. NOCHES
LÚGUBRES
Edición, introducción y notas
de Manuel Camarero

166 / Gabriel Miró
NIÑO Y GRANDE
Edición, introducción y notas
de Carlos Ruiz Silva

167 / José Ortega y Gasset
TEXTOS SOBRE
LA LITERATURA
Y EL ARTE
Edición, introducción y notas
de E. Inman Fox

168 / Leopoldo Lugones
CUENTOS FANTÁSTICOS
Edición, introducción y notas
de Pedro Luis Barcia

169 / Miguel de Unamuno
TEATRO. LA ESFINGE.
LA VENDA. FEDRA
Edición, introducción y notas
de José Paulino Ayuso

170 / Luis Vélez de Guevara
EL DIABLO COJUELO
Edición, introducción y notas
de Ángel R. Fernández
González e Ignacio Arellano

171 / Federico García Lorca
PRIMER ROMANCERO
GITANO. LLANTO POR
IGNACIO SÁNCHEZ MEJÍAS
Edición, introducción y notas
de Miguel García-Posada

172 / Alfonso X (vol. II)
LAS CANTIGAS

Edición, introducción y notas
de W. Mettmann

173 / CÓDICE DE AUTOS
VIEJOS
Selección
Edición, introducción y notas
de Miguel Ángel Pérez Priego